本书系湖北省哲学社会科学后期资助项目"生育新政背景下隔代照料的政策支持体系研究（2020073）"的研究成果

生育新政背景下隔代照料的政策支持体系研究

刘亚南 ◎ 著

武汉大学出版社

图书在版编目（CIP）数据

生育新政背景下隔代照料的政策支持体系研究／刘亚南著．-- 武汉：武汉大学出版社，2025.7. -- ISBN 978-7-307-24867-0

Ⅰ．C924.21

中国国家版本馆 CIP 数据核字第 2025ZL7505 号

责任编辑:詹　蜜　　　责任校对:汪欣怡　　　版式设计:马　佳

出版发行:**武汉大学出版社**　（430072　武昌　珞珈山）

（电子邮箱：cbs22@ whu.edu.cn　网址：www.wdp.com.cn）

印刷:湖北云景数字印刷有限公司

开本:720×1000　1/16　印张:11　字数:176 千字　插页:2

版次:2025 年 7 月第 1 版　　2025 年 7 月第 1 次印刷

ISBN 978-7-307-24867-0　　定价:49.00 元

前　言

照料孩子，似乎一直是家庭内部的事，孩子由自己的父母或者祖父母照料，自人类产生之初就被认为是一项再自然不过的家庭行为。然而，随着社会经济文化的不断变迁，父母进入劳动力市场的比例越来越高，照料孩子逐渐从家庭内部事务中脱离出来，日益成为社会政策的重要议题。"全面二孩"政策的实施必然带来二胎家庭数量的增加，在社会化托幼资源匮乏且信任度偏低的客观情况下，由家中祖辈照料孙辈的隔代照料现象越来越普遍，祖父母承担着大量的婴幼儿照料事务。隔代照料既是代际支持的一种表现方式，也是儿童照料的一种特殊形式，在传承我国代际互助优良传统的同时凸显出"儿童照料赤字"的现实窘境。中华人民共和国成立以来，我国生育政策呈现出"由松到紧而后又松"的发展态势，叠加市场化、城市化的多重影响，人们的生育意愿和儿童养育方式也发生着潜移默化的改变。随着老年人均健康寿命的不断延长、育儿方式的日渐精细、儿童养育成本的逐渐增加，越来越多的老年人或主动或被动地投身到照顾孙子女的服务中，隔代照料成为一种社会普遍现象。其所反映的儿童照料、老年养老、家庭发展以及生育养育等问题逐渐成为学界和社会关注的热点议题，仅依靠在家庭内部实现"自循环"的方式很难妥善解决这一系列问题。因此，对隔代照料提供支持，帮助现代家庭化解儿童照料的难题，可能是一种新的政策选择。本书将致力于寻找这种政策选择的理论依据和实现路径，并提出切实可行的政策建议，对我国积极探索以家庭福利政策为基础的社会福利政策，应对未来儿童照料、老年养老、家庭发展以及人口生育有十分重要的意义。

首先，社会投资理论、福利多元理论和社会性别理论搭建起了隔代照料的理论分析框架。其中，社会投资理论为儿童照料事务从家庭领域进入公共视域提供了必要性及正当性依据。因为儿童是社会的未来财富与力量源泉，构建隔代照料政策支持体系，能从国家治理层面和社会干预视角显现隔代照料的价值贡献，体现政府主体责任。而福利多元理论倡导的福利来源应有多种途径这一思路，启示政府及社会都应对隔代照料给予支持和辅助，这不仅是解决当前儿童照料供需矛盾最便捷有效的方法，还是增进社会整体福利的改善路径。社会性别理论则为隔代照料参与者提供了性别维度测量的依据，既在微观层面审视照料活动的性别分工，又在宏观层面上引导社会性别意识的形成，使照料分工的"性别倾向"趋于平衡合理。

其次，详尽论述生育新政背景下隔代照料与人口生育相关因素之间的关联机制及影响程度。"全面二孩"的生育政策给育龄青年和生育家庭带来深刻的影响，聚焦隔代照料与生育调节的联动分析，既明确了隔代照料的研究范围，又强化了隔代照料的价值贡献。在隔代照料行为的衍生演进过程中，隔代照料属于家庭内生需求驱动所致，与家庭成员结构、家庭经济水平、照料者个人特征以及家庭资源分配机制相适应，但隔代照料的"普及"与社会关联因素息息相关，是社会约束下的产物。如此，从儿童照料安排、女性"家庭—工作"平衡、儿童养育成本以及家庭生育决策四个维度来分别论述隔代照料对生育家庭在养育儿童、生育意愿方面的影响，探索增进隔代照料的政策供给来调节人口生育率的制度框架。

再次，分析现阶段我国隔代照料政策支持的现实状况及存在的不足。隔代照料的参与度在一定程度上说明了当今社会对隔代照料的迫切需求，隔代照料不仅能分担家庭儿童照料的压力，还能弥补公共托幼服务的不足；既能有效平衡"家庭—工作"的冲突，又能节约儿童养育成本。然而，隔代照料也面临着较为严峻的现实困境，包括照料者或将存在福利损失、隔代照料的质量不高、隔代照料缺乏社会支持等问题。目前，隔代照料政策在我国并不是一个独立存在的政策类别，很难将之视为一个专门的政策领域来追寻政策内容、政策主导者、政策过程的变迁脉络，其内容散见于众多相关的社会政策之中。但由于对隔代照料的社会价值认识不到位，再加上我国社会福利发展水平有限，社会政策建设滞后于社会发展进程，政府对隔代照料的支持非常有限，既表现为隔代照料者的主体保障政策缺失，也表现为隔代照料的社会支持政策不完善及协调性不足。

最后，落实构建隔代照料支持体系的具体政策内容。家庭结构及生育政策变化给儿童照料带来了巨大的压力，构建隔代照料支持体系成为新的政策选择。一方面，正视隔代照料的现实状况，对隔代照料给予一定支持，有利于提高隔代照料的质量、父母(特别是女性)平衡"家庭—工作"矛盾、保障老年人的养老权益，使三方主体都能在隔代照料中获益，从而自行修正不足，实现良性循环；另一方面，良性循环的过程会释放出"正外部性"，儿童照料压力的减弱，会对人口生育产生正向作用，促进生育新政落地实施。由此，在全面考量儿童、老人、育龄青年、家庭、就业单位、国家等多元主体权益的基础上，综合分析隔代照料给家庭和社会带来的利与弊，以儿童利益为中心，兼顾老年人的养老权益，以家庭赋能为落脚点，构建了包括社会托幼政策、"家庭—工作"平衡政策、老年福利政策以及公共服务政策有机统一的隔代照料政策支持体系，并提出了增加祖辈父母的"亲职假"权益政策、加强老年健康福利优化供给政策、强化隔代照料服务指导支持政策、出台多元化托幼服务发展政策、增进"家庭友好型"的政策设计、夯实特殊困难隔代家庭的兜底保障政策等具体的政策措施，以期打造可选择的、高质量的、健康可持续的隔代照料模式。

目　　录

第一章　导论 ……………………………………………………… 1

　第一节　研究背景与意义 ………………………………………… 1

　　一、研究背景 …………………………………………………… 1

　　二、研究意义 …………………………………………………… 3

　第二节　文献综述 ………………………………………………… 6

　　一、隔代照料的动因与发展 …………………………………… 6

　　二、隔代照料对个人及其家庭的影响 ………………………… 9

　　三、隔代照料的政策支持 ……………………………………… 21

　　四、简要述评 …………………………………………………… 23

　第三节　研究内容与方法 ………………………………………… 25

　　一、研究的基本思路 …………………………………………… 25

　　二、研究的框架和内容 ………………………………………… 26

　　三、研究的基本方法 …………………………………………… 29

　第四节　创新与不足 ……………………………………………… 31

　　一、可能的创新之处 …………………………………………… 31

　　二、不足之处 …………………………………………………… 33

第二章　核心概念和理论基础 …………………………………… 34

　第一节　核心概念 ………………………………………………… 34

　　一、生育新政 …………………………………………………… 34

　　二、隔代照料 …………………………………………………… 37

　　三、政策支持 …………………………………………………… 41

第二节　理论基础 ……………………………………………… 42
　一、社会投资理论 …………………………………………… 43
　二、福利多元理论 …………………………………………… 44
　三、社会性别理论 …………………………………………… 44

第三章　我国隔代照料的现状分析 ……………………………… 46
第一节　我国隔代照料的描述性统计 ………………………… 46
　一、隔代照料的参与情况 …………………………………… 48
　二、隔代照料者的基本特征 ………………………………… 51
　三、隔代照料的城乡状况存在差异 ………………………… 53
第二节　我国隔代照料的影响因素 …………………………… 56
　一、家庭基本情况对隔代照料的影响 ……………………… 56
　二、照料者的个人特征对隔代照料的影响 ………………… 58
　三、家庭资源分配对隔代照料的影响 ……………………… 59
第三节　我国隔代照料面临的现实困境 ……………………… 62
　一、照料者或将存在福利损失 ……………………………… 63
　二、隔代照料的质量有待提高 ……………………………… 65
　三、隔代照料缺乏社会支持 ………………………………… 67
第四节　隔代照料的价值贡献 ………………………………… 69
　一、个人层面：老年人积极地发挥余热 …………………… 70
　二、家庭层面：资源约束下的最优决策 …………………… 72
　三、国家层面：积极推动"用老""乐养"的理念 ………… 72
　四、社会层面：增强代际团结的正向引导 ………………… 73

第四章　隔代照料与生育的关联性分析 ……………………… 75
第一节　隔代照料与儿童照料安排 …………………………… 76
　一、隔代照料分担家庭照料的压力 ………………………… 76
　二、隔代照料弥补社会化托幼的不足 ……………………… 77
第二节　隔代照料与"家庭—工作"平衡 ……………………… 79

一、隔代照料的弹性化特征符合职场需求 ················· 79

二、隔代照料的安全性能赢得家人安心 ·················· 81

第三节　隔代照料与儿童养育成本 ······················ 81

一、隔代照料是成本节约型的照料模式 ················· 82

二、隔代照料具有"经济累进"效应 ···················· 85

第四节　隔代照料与家庭生育意愿 ······················ 87

一、隔代照料促进生育意愿的形成 ···················· 87

二、隔代照料扩大了生育决策预算线 ·················· 88

第五章　我国隔代照料相关支持政策发展脉络、存在缺陷及原因分析 ··· 90

第一节　隔代照料的相关政策梳理 ······················ 90

一、公共托幼政策 ·································· 91

二、亲职假政策 ·································· 94

三、经济支持政策 ·································· 99

第二节　现行隔代照料支持政策存在的不足 ··············· 102

一、隔代照料主体的保障政策缺失 ··················· 102

二、隔代照料的社会支持政策不完善 ·················· 103

三、隔代照料支持政策的协调性不够 ·················· 106

第三节　隔代照料支持政策不足的原因分析 ··············· 108

一、对隔代照料的社会价值认识不到位 ················ 108

二、我国社会福利水平较低 ························· 109

三、政策发展滞后于社会发展进程 ··················· 110

第六章　国外隔代照料政策支持实践与经验借鉴 ············· 111

第一节　不同福利观下的隔代照料 ······················ 111

一、自由主义福利观下的隔代照料 ··················· 112

二、社会民主主义福利观下的隔代照料 ················ 114

三、保守主义福利观下的隔代照料 ··················· 115

四、混合福利观下的隔代照料 ······················ 117

第二节　西方隔代照料政策支持的经验与启示 …………………… 119

一、不同福利体制下的隔代照料成果与经验 ………………… 119

二、国外隔代照料支持实践对中国的启示 …………………… 120

第七章　我国隔代照料政策支持体系的构建 ……………………… 125

第一节　隔代照料政策支持体系的价值理念、原则与总体架构 … 126

一、隔代照料政策支持体系的价值理念 ……………………… 126

二、隔代照料政策支持体系的设计原则 ……………………… 130

三、隔代照料政策支持体系的总体框架 ……………………… 132

第二节　隔代照料政策支持体系的具体内容 ……………………… 135

一、增加祖父母的"亲职假"权益政策 ……………………… 136

二、加强老年健康福利优化供给政策 ………………………… 137

三、强化隔代照料服务指导支持政策 ………………………… 138

四、出台多元化托幼服务发展政策 …………………………… 139

五、增进"家庭友好型"的政策设计 ………………………… 140

六、夯实特殊困难隔代家庭的兜底保障政策 ………………… 141

参考文献 ……………………………………………………………… 142

附件 …………………………………………………………………… 156

第一章　导　　论

第一节　研究背景与意义

一、研究背景

从近代人类社会发展史来看，社会每历经一次转型，社会政策体系就会发生相应变化。20世纪70年代国务院批转《关于做好计划生育工作的报告》，标志着我国人口生育政策进入一个全新的历史时期。2013年，国务院发布《中共中央关于全面深化改革若干重大问题的决定》提出"启动实施一方是独生子女的夫妇可生育两个孩子"的政策，再到2015年底中共中央、国务院发布《关于实施全面两孩政策改革完善计划生育服务管理的决定》提出"全面二孩"政策，我国的人口生育政策由"鼓励生育"到"严格控制"而后又"逐渐放宽"，再到"支持生育"。我国逐渐形成了"421"型家庭结构，人口总和生育率从1970年的5.8降至2019年的1.5，远低于能保持人口稳定发展的2.1的世界人口更替水平。短短40余年我国人口出生率发生如此大变化，有政策干预的外在因素，也有生育意愿降低的内在缘由。从数据看，在"全面二孩"政策实施当年，即2016年，我国出生人口数达到1786万人，创2000年以来新高，但2017年就降至1723万人，2018年降至1523万人，2019年持续降至1465万人，我国生育率并没有因为生育政策的放开而全面复苏，相反，人口出生数呈现逐年下降趋势，这从侧面反映出生育政策并非影响我国人口出生率的主要原因，生育意愿降低才是导致我国人口出生率持续走低的关键因素。

摆在生育面前绕不开的重要话题就是儿童的照料问题。中华人民共和国成立之初到20世纪80年代，中国的托儿所几乎遍布城乡。据不完全统计，1950年我国有公私立各种类型的保育机构1.9万处（包括托儿所、幼儿园、保育院、幼稚园等），入托儿童共近58万人。随着改革开放经济社会的快速发展，1980年全国各类保育机构已发展到98万处，入托总数达到347万人。到2001年，随着单位福利制度的不断改革，来自政府和企事业单位的儿童照料服务随之大幅减少，城市儿童托幼体系的供给能力大幅缩水，大多数企业和用人单位迫于利润压力停止提供托幼服务，全国教育部门办园和集体办园只剩55万余处，3岁以下的公办托幼机构几乎绝迹。根据2017年国务院妇女儿童工作委员会和中国人民大学联合进行的"四大城市0~3岁婴幼儿托幼服务需求调查"结果显示，1岁前婴幼儿入托比例仅为1.82%，1~2岁的入托比例为1.48%，2~3岁的入托比例7%，3岁前有入托经历的仅占4.29%，但有48%的家庭明确表示有此需求。一方面是社会化托幼体系的匮乏，高昂的养育成本、教育成本、住房成本等经济成本的约束，另一方面是千万家庭对儿童托幼服务的需求，我国出现了大量老年人帮助子女照料孙子女的现象，即"隔代照料"。隔代照料是老年祖辈对子代家庭提供的一项非常重要的代际支持服务，是老年人参与程度较高的重要社会活动，更是增强父代家庭与子代家庭代际联系的重要纽带。

尽管隔代照料自古有之，但任何一项事务都同与之相连的时代背景结合在一起，基于家长制、权威型的家庭观念下共同居住的传统大家庭的隔代照料，显然不同于家庭核心化、人口流动频繁、侧重于子代分配和市场经济条件下的隔代照料。而且从本质上讲，基于传统家庭内部分工协作和代际支持的隔代照料，更倾向于一种家庭互助互惠式的内部事务，通过传统大家庭较强的风险抵御能力在面对相对成本约束较小的儿童照料时，可以形成可靠的分工机制，隔代照料更类似于一种家庭福利的生产和延续。与往日明显不同的是，当下的隔代照料本质上属于一种社会化福利，社会化福利形式在于供给主体的多元化与治理主体的多元参与，而追其本质，在于福利的溢出扩散效应难以形成有效的成本分担机制，单单依靠家庭或某一方无法有效抵御和化解外在环境的不确定性和风险。尽管仍然主要由家庭成员来提供照料支持，但是生育已不是普通的"家事"，而是关系国家长治久安和可持续发展的战略命题，同时，儿童照料、老人养老、人口生育也是民生事务领域的重要内容，是政府职能转变需要重点支持和推动的公共领域，政府无疑将会越来越多地介入公共福利事务。而且，在市场化和居民观念演变的情况下，生育衍生的经济成本和福利供给难以由家庭独自消解，福利观念和权利意识的增强也推动着福利供给与发展呈现多元化趋势，更加关注人的获得感、安全感和幸福感。所以，在生育配套政策尚不健全的背景下，面对社会化托幼公共服务体系供给匮乏的现实，隔代照料成为许多家庭抚育的日常照料形式，而且可以预计在社会化公共服务体系建设尚未到位的情况下，随着老年人预期寿命延长，这种隔代照料仍然发挥着其家庭福利供给和互帮互济的功能，将会在未来很长时间内得以延续。

然而，隔代照料作为社会化儿童照料的分担承载机制也存在着现实的可持续问题。在老年人的照料供给方面，存在着"用老"和"乐养"两方面的悖论，表现为隔代照料与养老决策及权益替代、挤占和冲突；在照料者的诉求方面，集中体现在经济安全、养老保障、医疗卫生服务以及熟人社区等需求，而事实上的隔代照料者在经济方面给予子女补贴的居多，经济权益的"挤入"效应不明显，经济安全保障性差。再由于社会养老和医疗保险政策的分割执行，异地流动的隔代照料者无法获得足额保障服务，且不管是城乡之间的流动还是不同城市之间的流动，都面临着陌生生态环境的融入问题。除此之外，"优生优育"的新型生育观念在很大程度上改变着国人的养育模式，随着子辈对育儿质量的高期望和精细化照料要求，祖辈在隔代照料的过程中，容易与子辈之间秉承的育儿观发生碰撞，这也给老年人隔代照料带来很大挑战。

党的十九大报告明确将"老有所养""幼有所育"作为国家保障和改善民生的重要组成部分。面对婴幼儿家庭照料的迫切需求，面对女性劳动权益保障的现实困境，面对老年人仍然把家庭养老作为首要养老选择，如何在社会托幼服务缺位的情况下，将养老政策、生育政策和家庭政策进行有效地梳理和衔接，如何在保障老年人福利、国家人口生育安全和家庭福利之间形成内在机理和统一政策逻辑，是新时代面对人口老龄化、完善生育政策、构建国家公共福利政策体系的重要理论命题和实践课题，也正是本书进行研究的出发点和研究目的所在。

二、研究意义

面对高昂的养育成本、教育成本、住房成本等经济成本的约束，加上照料儿童可能让父母面临的升职惩罚和收入惩罚，我国出现了大量老年人帮助子女照顾孙子女的现象，即"隔代照料"。随着人口老龄化日趋严重和二胎家庭数量逐渐增多，加上社会化、高质量、普惠型的托幼服务供给严重匮乏，不难预料，未来"隔代照料"的情况仍将持续发展，家庭照料仍是学龄前儿童照料的主要方式。

隔代照料之所以越来越被关注，是因为它与老年人的生活、养老，与年轻人的生育、就业，与儿童的抚育、成长都息息相关。隔代照料以及由隔代照料引起的一些社会问题，如老年人口迁移、农村留守儿童照料与隔代家庭等问题的日益凸显，让隔代照料逐渐进入公共政策的研究视角。且随着"二孩"时代来临，隔代照料对于二胎家庭来说变得不可或缺，它不再仅仅是"搭把手"的事儿，它对于有婴幼儿照料需求的家庭来说，有着深刻的社会价值。它不仅是学术界研究的热点问题，也是国家公共福利政策的重要内容，是保障和改善民生制度体系与资源供给建设的重要方向。如何实现婴幼儿幼有所育、增加老年人口福利、切实保障妇女劳动就业权利，是政府、家庭、社会共同关心的话题，对推动我国家庭政策的可持续发展具有重要意义。作为社会化福利在家庭的延伸，政府、市场、社会如何有效介入和政策干预，实现儿童抚育政策、人口生育政策、养老政策的有机互动，需要从微观角度进行具体分析，以期在生育政策、养老政策和公共福利政策的配套衔接与协同供给方面提供经验支持。

（一）理论意义

一是本书从隔代照料的视角研究儿童福利，拓宽了儿童福利范围，丰富了社会福利体系的内容。目前，儿童照料的需求和供给大多是根据正式的儿童保育角度来评估的，包括国家、市场或志愿机构（如托儿所、保育员或校外俱乐部）提供的育儿服务，而隔代照料是对家庭照料环境和能力的考察，强化了家庭系统对儿童健康发展的重要性，拓宽了儿童福利的发展路径，夯实了社会保障学科的研究基础。

二是本书在"全面二孩"这个新的生育政策背景下讨论隔代照料，给研究隔代照料提供了一个新的视角。在生育决策的影响因素中，有没有隔代照料的支持、隔代照料的支持程度有多大，对成年子女是否生二胎发挥着重要的作用，这为家庭儿童照料体系和社会儿童照料体系的协调发展提供了现实指导。

　　三是本书将老年人、青年人、婴幼儿三种不同服务对象整合在家庭之中，突出家庭这一基础社会单位的重要性及在社会经济政策的中介传递和受众享受作用，为我国制定家庭政策奠定了理论研究基础。人口老龄化程度持续深化、生育率水平走低趋势使家庭在构成、功能、观念等方面不断弱化，养老抚幼的压力剧增，家庭抗风险的能力减弱。然而，由于受中国传统文化影响，人们往往将家庭政策视为家庭内部事务，再加上社会政策对家庭政策的公共财政支持相当有限，使得我国家庭政策议题往往游离于社会政策之外，处于边缘地位。需要说明的是，中国的家庭问题及家庭政策的制定不能照搬任何一种西方经典模式，需要立足现实。"隔代照料"的独特视角很好地阐释了中国本土家庭的传统特征及其内在的联动机制，为继续深化、扩大推进家庭政策与社会政策的建设提供思路。

　　四是本书以隔代照料为突破口观察老年人面临的问题，为家庭养老的制度安排提供了独特视角。首先，分析了老人参与隔代照料的家庭代际分工模式是否对养老产生积极作用。其次，隔代照料使家庭居住模式发生变化，越来越多的老人因隔代照料，重新与子女生活居住在一起，居住方式由分开居住转向共同居住或就近居住，这是否会增加子女对老人的养老支持，提升家庭养老质量。最后，随着婴幼儿照料精细化趋势的发展，子女对老年人的隔代照料服务提出了更高的要求，这会在多大程度上影响老年人提供隔代照料服务的意愿，又会对老年人的养老生活产生什么样的影响。解决这些问题，有利于重构适应新时代社会文化发展需求的养老政策福利框架。

（二）实践意义

　　生育政策的变化给儿童照料带来了巨大的压力，构建隔代照料支持体系成为新的政策选择。本书将借鉴西方不同福利制度国家的实践经验，结合我国隔代照料的现实状况，通过研究分析，拟解决以下现实问题，来体现本研究的时效性和适应性。

　　一是解决"儿童照料赤字"这一严峻的现实问题。在社会公共托幼服务供给不足，家庭儿童照料需求逐步增大的现实状况下，隔代照料是缓解这种供需矛盾，平衡"家庭—工作"冲突最有效、最可取的方式。目前我国尚未针对隔代照料出台专门的支持政策，为了鼓励家庭育儿功能的发挥，促进社会公共托幼体系的建设，制定出一套匹配家庭实际需求的隔代照料支持政策显得尤为重要。

二是保障照料者的权益。隔代照料势必会占用老年人的时间，可能会花费老年人的收入、影响老年人的身心健康。构建隔代照料政策支持体系，提倡适度的隔代照料能为老年人带来心理慰藉，同时也有利于帮助老年人获得自我满足感，不仅提高了老年人的养老质量，而且还能缓解成年子女的儿童照料压力、降低育儿成本、提高子女的劳动参与率，具有极大的经济价值和社会效益，真正实现"用老"和"乐养"的相宜选择。

三是构建代际互惠的平衡机制，缓解代际矛盾。家庭成员之间的代际关系和谐与否，不仅影响家庭成员在工作和育儿上的时间分配，同时也对平衡家庭经济生活和日常事务的矛盾有重要影响。针对当今越来越多女方父母帮其女儿分担儿童照料任务的现象展开分析，围绕照料活动进一步阐述老年人、青年人、婴幼儿之间的代际互动关系，为建设和谐家庭关系提供指导。

第二节　文 献 综 述

隔代照料这一议题涉及的领域十分广泛，包括儿童福利、老人养老、代际关系、女性就业、家庭与工作平衡、家庭责任分担等问题，也包括家庭政策以及其他社会政策等。本书从隔代照料这一研究要点出发，结合生育新政背景，积极探索隔代照料在实践中存在的困境及公共政策的不足，深入分析其原因及影响因素，最后提出可以改善的路径建设，故在开展研究之前非常有必要总结概括隔代照料的相关理论、发展实践、影响机制等方面的研究现状，这样才能站在"巨人的肩膀"，真正做到"有的放矢"，达到学术研究的目的。

一、隔代照料的动因与发展

国内外学者早在20世纪80年代便开始关注老年人向成年子女提供照料孙子女的现象，许多研究结合理论的发展对这种"隔代照料"现象存在的原因或许能给出解释，且在理论阐述的同时窥得隔代照料在理念及实践演变过程中的些许变化。

(一)代际交换理论

代际交换理论常常被用于解释代际之间的资源流动和互相支持,此理论认为父母与子女之间的互相帮助行为是一种"付出"和"回报"的交换关系。隔代照料通过互惠交换,有利于老年人自身效用实现最大化。隔代照料不仅会提高老年人与家庭成员(主要指子女和孙子女)之间的亲密感,提升自我效能,而且未来老年人更有可能获得子女更多的经济支持、生活支持和情感支持。在代际交换理论的基础之上还衍生出代际支持的交换模型,该模型认为个体在人际交往中通常会尽力达到对称,长期不对称的交换对个体心理健康会产生负面影响(Kuypers and Bengtson,1973;Dowd,1975)。

在中国的分析语境中,费孝通(1983)认为中国以"孝文化"为发展基础的亲子关系与西方"接力模式"的亲子关系具有较大不同,中国的亲子关系更偏重"反哺"模式或者"抚养—赡养"模式,亲代对子代有抚养的义务,子代对亲代有赡养的义务,且这种相互的义务更多的是一种道德规范和文化传承。[①] 根据这一理论,隔代照料是一种代际交换,祖父母向其子女发出"养老契约"信号,即通过为孙子女提供隔代照料服务,来换取子女对其晚年生活的赡养照顾。

交换理论是从家庭内部视角来研究隔代照料现象,强调隔代照料中相关主体之间的联系互动及利益机制,以期自身实现良性循环。而老年人在养育孙辈时,关注点在于子女而非孙子女,他们是通过为子女养育孙辈来换取子女的报答。有针对中国农村地区的研究认为,中国家庭内存在这样一种互惠模式,照顾孙子女是老年人对自己子女外出打工来获取经济成功的一种投资,他们可能会觉得自己有权分享子女的成果,即获得子女的回报。隔代照料不仅可以减轻成年子女的儿童照料负担,使其参与劳动力市场为家庭获取经济支持,同时亦为老年人得到更多子女的关怀和帮助提供更多可能。

(二)责任内化论

有学者认为隔代照料本质上是父母向子女发出养老契约信号,以便未来获得

---

① 费孝通.家庭结构变动中的老年赡养问题——再论中国家庭结构的变动[J].北京大学学报(哲学社会科学版),1983(3).

子女的赡养服务，这是一种均衡互惠的"代际交换"，但也有学者认为隔代照料是基于传统伦理的责任内化逻辑而产生的。责任内化理论认为，父母对子女的付出、子女对父母的照料并不完全是简单的契约关系。

在传统文化体系下，家庭成员间有强固的家庭凝聚力，特殊且自然的血缘关系和亲密关系使得祖辈把照顾孙辈当成自己的责任与义务，理所当然地承担起了照顾孙辈的职责，并能从中得到快乐和情感的满足。这种理论认为，受传统家庭伦理观的影响，在成年子女面临家庭儿童照料需求和社会化托幼服务供给短缺的历史背景下，老年人挺身而出承担起照料孙辈的责任是一种出于责任感的行为。在中国，隔代照料现象非常普遍，而且社会对隔代照料的态度出奇一致，即隔代照料是理所应当之事，老年人往往基于血缘关系和家庭伦理主动承担起照料责任。[1]

(三) 利他主义及其他价值理论

尽管我们将中国的传统文化考虑在内，但实际上责任内化论仍旧不能完全摆脱"互惠"的影子。家庭经济学领域的大师贝克尔则提出了一个更为纯粹的奉献型理论：利他主义论。这种理论认为家庭内部的资源转移是出于家庭利益而非个人利益的最大化，一家之主是出于对家庭成员福利(Welfare)的关心而将资源转移给他们，子女的福祉将直接影响父母的幸福感。隔代照料往往是老年人对家人无私奉献和对子女、孙子女关爱的一种常见表达方式，具有利他主义动机。代际支持具有时间与金钱互换、长期互惠互利、强迫利他主义等多元化动机。祖父母提供隔代照料有可能出于利他动机，也有可能出于换取子女更多经济情感支持的动机，也可能出于自身福利最大化的动机。

关于隔代照料，学界还有一种理论叫价值寄托论。这种理论主张隔代照料是老年人获得持续生活体验和证明自身价值的重要表达方式。中国的社会道德鼓励老年人维持生产力、避免依赖于他人，而帮助自己的子女以及孙子女可以满足老年人"发挥余热"的愿望，感受到自身的价值。也就是说，老人帮忙带孩子，完全是"我乐意"，对子女的回报很少抱有期待。

---

① 杨善华，贺常梅. 责任伦理与城市居民的家庭养老——以"北京市老年人需求调查"为例[J]. 北京大学学报(哲学社会科学版)，2004(1).

除此之外，依恋理论和代际转移理论对隔代照料的模式与机制也进行了解释，他们的观点对以孩子为一切家庭活动中心的中国家庭具有非常强的说服力。无论老人提供隔代照料的动机是什么，祖辈为子辈提供育儿照料方面的援助，都会缓解子辈在儿童照料方面的压力，让子辈有更多的时间和精力参与社会活动，在老年预期寿命不断延长和二胎家庭数量增多的时代背景下，隔代照料的发展显得愈发重要。

二、隔代照料对个人及其家庭的影响

隔代照料连接了祖父母、父母、孙子女三代，涉及代际的资源流动、情感关系，不仅影响涉身其中的每个个体，还会对整个社会产生巨大的影响。在已有的研究文献和科研著作中，学者们试图回答以下几个问题：隔代照料对老年人有什么影响？获得爸妈支持帮助自己带孩子，对子女有什么影响？由老人参与照料的孩子和爸爸妈妈带大的孩子会有区别吗？老人帮忙带孩子对家庭关系又有什么影响？如此，我们从隔代照料行为涉及老年人、孙辈儿童、子女和其所在的家庭系统(包括家庭关系、代际交换、责任分担等)方面的内容来进行分类综述。

(一)隔代照料对老年照料者的影响

老年祖辈是隔代照料服务的直接供给者，是首要进入关注的研究主体。老年人在供给照料服务过程中的付出与获得，抑或成本与收益权衡成为"隔代照料"模式是否持续可继的关键。而充分认知隔代照料对老年人自身及其社交周边带来的影响，能增进照料者的认同，并挖掘现实问题，为公共服务和公共政策的制定提供科学依据。关于隔代照料者的研究方面，主要聚焦在"隔代照料"行为与老年人的劳动参与就业、身体健康、老年人口流动以及老年福利保障等方面。

1. 隔代照料与老年劳动力市场参与

国外已有的一些研究分析了隔代照料对中老年人劳动供给的影响，发现隔代照料会同时降低祖辈的劳动参与和工作时长。[①] 或者在增加劳动参与的同时降低

---

① Wang Y, Marcotte D E. Golden Years? The Labor Market Effects of Caring for Grandchildren [J]. Journal of Marriage and Family, 2007, 69(5): 1283-1296.

工作时长,① 或者只会降低女性祖辈的工作时长而对劳动参与没有影响。② 考虑到隔代照料与中老年人就业的内生性,且隔代照料的工具变量要适应中国社会文化背景,宋健等(2018)③基于 CLASS 2014 年数据发现,照料 18 岁及以下孙子女只与 60~64 岁老年人的劳动参与存在显著的负向关系。彭争呈等(2019)④则主要分析照料 0~6 岁孙子女对 50~69 岁中老年人劳动参与的影响,研究发现:隔代照料会使中老年人劳动参与显著降低约 20%,隔代照料时长每周增加 1 个小时会使中老年人劳动参与下降约 6.9%,使退休概率上升约 6%。

另一些研究则探讨了隔代照料对中老年人退休的影响,需要照看孙辈是导致老年人提前退休的重要影响因素,发现祖辈身份或隔代照料会显著增加中老年人退休的概率或提前退休意向(Ochman O,Lewinepstein N,2013)⑤。何圆、王伊攀(2015)⑥利用 CHARLS 2011 年调查数据,基于生存分析方法分析了隔代照料对个体退休决策的影响,发现不需要照料孙子女的主体 50 岁后的平均工作时间比需要照料孙子女主体 50 岁后的平均工作时间长 1.39 年。Lumsdaine and Vermeer(2015)探索了照顾孙辈和女性退休时间之间的关系,也发现新孙子的降生与退休风险呈显著性正向关系。

2. 隔代照料与老年照料者的身心健康

有研究认为隔代照料不利于老年人的身心健康。他们认为隔代照料对于老年人而言是一种压力,会对他们的日常活动能力、心理健康状况、社会参与产生负向的影响;还有研究认为隔代照料是一件耗时耗力的苦差事,大量的家务劳动和

① Ho C. Grandchild Care, Intergenerational Transfers, and Grandparents' Labor Supply[J]. Review of Economics of the Household,2015(13):359-384.

② Rupert P,Zanella G. Grandchildren and Their Grandparents' Labor Supply[J]. Journal of Public Economics,2018(159):89-103.

③ 宋健,王记文,秦婷婷. 孙子女照料与中老年人就业的关系研究[J]. 人口与经济,2018(3):92-103.

④ 彭争呈,邹红,何庆红. 社会托幼资源、隔代照料与中老年人劳动参与[J]. 财经科学,2019(12).

⑤ Ochman O,Lewinepstein N. Determinants of Early Retirement Preferences in Europe:The Role of Grandparenthood[J]. International Journal of Comparative Sociology,2013,54(1):29-47.

⑥ 何圆,王伊攀. 隔代抚育与子女养老会提前父母的退休吗?——基于 CHARLS 数据的实证分析[J]. 人口研究,2015,19(2):78-90.

儿童照护服务不仅会给老年人增加工作量，而且还减少了老年人参加户外活动和用于锻炼身体的时间（Helen Winefield，2010；Baker and Silverstein，2008）。有研究表明，如果照料者每周提供 30 小时及以上的隔代照料服务，那么他们患高血压、糖尿病等慢性疾病的概率就会高于每周提供 30 小时以内隔代照料服务的老年人（Minkler and Fuller-Thomson，2001）。而且在老年人健康指标自评体系中，研究者发现跟没有隔代照料任务的老人相比，有隔代照料任务的老年人比没有隔代照料任务的老年人的身体状况更差，他们患心脏病、高血压、高血脂等慢性病的概率更高，有照料责任的老年人就医问诊的次数更频繁（Musil and Ahmad，2002；Lee，Colditz，Berkman and Kawachi，2003）。除开隔代照料对老年人身体状况的影响，隔代照料对老年人的心理健康可能也存在潜在威胁。跟不提供隔代照料的老年人相比，提供隔代照料的老年人患焦虑症、抑郁症等心理疾病的比例更高（Musil C M，et al.，2002；Hughes，et al.，2007），特别是隔代家庭中照料留守儿童的老人，他们的心理健康状况比为正常家庭提供隔代照料的老人更差，隔代家庭的儿童照料者面临更大的照料强度和精神负担。肖雅勤（2017）[1]通过使用 2013 年中国健康与养老追踪调查数据，运用 STATA 数据分析方法，研究提供隔代照料与不提供隔代照料的老年人在日常活动能力障碍、自评健康状况和心理健康状况三方面的不同。研究结果发现，提供隔代照料对老年人的日常活动能力障碍、自评健康状况、心理健康状况均带来了负面影响。更有学者担心如果是因为提供了隔代照料服务而使老年人没时间顾及自身的身体健康和压力排解，影响了老年人的身心健康，假如有一天老人因不堪隔代照料的重负而病倒，那么不仅会严重影响子女参与劳动力市场，而且还会让家庭"两端失守"，让家庭的照料和经济负担更重（翁堂梅，2019）[2]。

但也有研究表明，隔代照料有利于充实老年人的生活内容，对于老年人的身心健康起促进作用。提供隔代照料服务，大多是帮孙子女提供日常生活料理这样的轻体力劳动。适当的家务劳动能明显地延缓老年人的认知衰退，对他们的自我

①　肖雅勤．隔代照料对老年人健康状况的影响——基于 CHARLS 的实证研究[J]．社会保障研究，2017(1)：33-39.

②　翁堂梅．转型期老年群体的双重挑战：隔代照料与夫妻分离[J]．云南民族大学学报（哲学社会科学版），2019(2).

老化态度有积极影响(Pruchno and McKenney，2002)；隔代照料还会减少老年人的依赖感、增加老年人的控制感和自我实现感，因而对老年人的健康起到促进作用(Lawton，1991；Reynolds et al.，2003)。在与孙子女的日常互动过程中，帮助孙子女穿衣吃饭、陪伴孙子女咿呀学语，看着孙子女一天天进步长大，让老年人在隔代照料中找到了自我认同感，对老年人保持积极健康的生活态度发挥了正向价值 (Goodfellow, et al.，2003)。根据美国的一项研究成果表明：每年为孙子女提供 200~500 小时照料服务的祖母，其身体健康状况要明显优于不提供隔代照料服务的老年群体(Hughes et al.，2007)。老年人通过与孙子女的交流互动，促进了老年人保持乐观开朗的生活态度和敏锐的感知周围事物的认知能力(Balukonis, et al.，2008)，他们的生活满意度更高，身体健康管理得更好(Bowers, et al.，1999)。宋璐等人(2008)①基于西安交通大学人口与发展研究所于 2001—2012 年连续十多年就我国隔代照料对农村老年人身心健康、认知能力影响的调查研究显示：隔代照料对农村地区老年人的身心健康起积极作用，认为帮子女分担照料儿童的责任是农村家庭老人获得更多赡养资源的有效路径，隔代照料在一定程度上提高了农村地区老年人"老有所养"的自信。

基于此，更多学者选择用辩证的眼光来看待隔代照料。Pruchno 和 McKenney (2017)研究了美国隔代照料对照料者心理健康的影响，发现老年人在隔代照料的过程中能增进与家庭成员的亲密关系，帮助老人产生自我满足感，隔代照料会对老人心理健康的发展带来积极影响。同时，为孙子女提供隔代照料服务会消耗老年人的部分精力，增加老年人的身体负担，从这个角度来看，隔代照料又会对老年人的身体健康带来消极影响，并且这种影响在不同种族之间没有呈现显著差异。黄国桂、杜鹏等(2016)②利用 2014 年中国老年社会追踪调查数据，探讨了中国老年人随着提供的隔代照料数量和强度的不同，是否会对老年人的身心健康带来不同影响，以及这种影响的差异性究竟有多大。研究发现在控制了社会人口特征和代际支持变量后，隔代照料的强度而非隔代照料的数量对我国老年人健康

---

① 宋璐，李树茁，李亮.提供孙子女照料对农村老年人心理健康的影响研究[J].人口与发展，2008(3)：10-18.

② 黄国桂，杜鹏，陈功.隔代照料对于中国老年人健康的影响探析[J].人口与发展，2016(6)：93-99.

产生影响，提供高强度隔代照料的老年人对其自评健康有负面作用，而提供低强度的隔代照料则对老年人孤独感状况有积极作用。薄赢（2017）①认为向成年子女提供隔代照料支持对老年人的身体健康存在着显著影响，这种影响有正负向之较量。正向健康效应体现在提供隔代照料的支持将促进老年人对医疗资源的利用，因为老年人分担了子女的儿童照料压力，那么在老年人需要子女帮助的时候，子女大概率会向老年人提供服务或经济上的回馈。这一方面，可以直接促进老年健康对老年医疗消费产生影响，另一方面通过改变代际关系获得子女更多经济支持从而进一步通过经济支持的"健康效应"和"收入效应"对老年人医疗消费产生影响。负向健康效应则体现在治疗性医疗消费的概率和数量减少。在心理健康方面的影响方向都为正向，老年人在带孙子女的过程中所产生的抑郁、焦虑等情绪，是可以通过子女支持、社会参与来缓解的。

3. 隔代照料与老年人口流动

伴随着人口浪潮的不断迁徙，我国人口在农村与城市、城市与城市之间频繁流动。很多年轻人大学毕业后就直接在工作的城市安家、生子，老人为了缓解子女的儿童照料压力和经济压力，或主动或被动地随子女迁徙到一个新的环境。因隔代照料而引起的老年人口流动是不可忽视的社会问题。

唐钧（2011）②在他的研究中提到：跟年轻的"漂族"相比，促使"老漂"离开熟悉的生活环境，做出漂泊决定的初衷并非为了就业，而是家庭儿童照料需求所促使。毕宏音（2015）③从老年人口流动的区域特征、时间长短以及流动人数等方面指出我国目前老年人口流动主要分为"同城漂或异地漂""阶段漂或长期漂""共同漂或单体漂"几种不同形式。杨菊华（2016）④也认为，老年人口流动频繁，主要是家庭儿童照料需求所致。不管是从经济成本还是从照料质量的角度出发，隔代照料都是家庭内部分担儿童照料责任最佳的选择。另外，因隔代照料需求而

---

① 薄赢. 代际支持的健康效应及其对老年人医疗消费的影响［D］. 上海：华东师范大学，2017.

② 唐钧. 关注"老漂"一族［J］. 中国社会保障，2011（10）：72.

③ 毕宏音."老漂族"：中国式家庭生命周期历程中的特殊群体［J］. 中国社会科学报，2015（3）：67-72.

④ 杨菊华. 健全托幼服务　推动女性工作与家庭平衡［J］. 妇女研究论丛，2016（2）：11-14.

引起的老年人口流动还表现出一定的性别分化，即大多数有照料需求的家庭会选择"老年女性"来迁移地提供隔代照料服务。老年夫妻因隔代照料而处于阶段性分居状态，这种分居状态从某种意义上来说忽略了老年人对自身生活方式安排的需求，可能会增加老年夫妻的孤独感(许琪，2017)①。

(二)隔代照料对儿童成长的影响

隔代照料行为的直接作用对象是儿童，儿童的健康成长是家庭决策的共同目标。关于隔代照料的方式与儿童健康成长之间的关系研究及程度测量中，较多是从抚育、教育、教养方面来评估孩子在生活和学习过程中的表现，强调教育的影响，跨度时期长，不易具有显性、稳定的认知。从依恋关系和亲缘角度来讲，隔代照料为儿童提供了可及的、多样的照料供给，不管是对孩子的身体成长还是心理塑造都起到了积极作用。隔代照料的优势主要体现在可以给儿童提供爱和安全的照顾环境。② 也有学者们的研究认为由于现代社会竞争激烈，年轻父母在职场承受的工作压力较大，父母们紧张焦虑的负面情绪不利于孩子的健康成长。与之相比，老年人往往已经退休或已习惯照料工作的内容，丰富的人生经历也帮助他们拥有较平和的心态，老年人更能理解儿童的感受和需求，更有耐心陪伴儿童游戏交流，对培育儿童健康平和的良好心态有促进作用。

然而，虽然祖父母具备更多儿童照料的经验，也更能够全身心投入隔代照料中去，但有研究发现，与父母照料的儿童相比，隔代照料的儿童的身心健康状况较差，更容易出现情绪和行为问题。也有学者从隔代照料存在的现实问题出发，认为隔代照料会带来一系列社会问题，特别是隔代家庭中留守儿童的心理健康问题。③ 祖辈在隔代照料过程中比较多关注儿童穿衣吃饭问题和身体健康状况，少有关注儿童的情感需求和心理发展，容易忽视对儿童的人生观价值观的培育。④

---

① 许琪. 扶上马再送一程：父母的帮助及其对子女赡养行为的影响[J]. 社会，2017(2).

② 许传新. 农村隔代照顾研究状况及其趋势[J]. 华南农业大学学报(社会科学版)，2018(1).

③ 周昊. 人口流动与儿童心理健康的异质性[J]. 人口与经济，2016(4)：45-52.

④ 宋才发. 城镇化进程中农村留守儿童教育问题的法治探讨[J]. 贵州社会科学，2017，6(11)：90-94.

孙宏艳(2002)①认为,隔代教育容易引起"亲子隔阂"进而影响"亲子关系"。卢乐珍(2004)②认为祖父母提供的隔代教育与父母提供的教育相比具有重感情轻理智、重物质轻精神、重静态轻动态的特征,祖父母的教育理念与父母的教育理念容易产生分歧。因此,学界研究隔代照料对儿童成长的影响主要从人格特征、心理健康及学习状况几个方面来评估。

1. 隔代照料对儿童情绪、情感和行为的影响

隔代照料的儿童易产生焦虑、不安全、发展迟缓、行为分裂和注意力不集中等问题(林志忠,2002)③。有学者研究发现,隔代家庭中的留守儿童容易产生愤怒、不安、害怕、拒绝、失落和沮丧等不良情绪。隔代照料的儿童比一般儿童产生行为问题的概率高出 10 个百分点,其中男孩容易产生行为失序问题,女孩容易产生情感与情绪问题(刘海华,2006)④。王怡又(2000)⑤研究发现如果祖辈在提供照料服务的过程中常带有不良情绪,就会阻碍儿童表达正常情绪能力的养成。邓长明、陈光虎(2003)⑥通过研究发现由于祖辈受教育程度偏低和接受新事物能力下降,隔代照料的儿童在语言表达、行为能力的发育方面明显迟缓于由父母照料的儿童。

2. 隔代照料对儿童心理健康的影响

由于人在幼龄时期尚未形成自己的价值观,儿童对世界的感知大多数靠照料者传递。祖辈在提供隔代照料服务期间,是孙子女价值观养成的重要引导者。祖辈与孙辈的情感互动对孙辈的心理健康具有重要影响。据某大学学生性格抽样调查结果显示,隔代照料家庭的孩子相比一般家庭孩子更容易产生歇斯底里、焦虑、多疑、偏执和分裂等性格缺陷。万翼(2004)⑦调查发现,75%的初中班主任

① 孙宏艳. 隔代教育的五大误区[J]. 少年儿童研究,2002(4).

② 卢乐珍. 隔代教育:一个需要关注的问题[J]. 家庭教育,2004(10).

③ 林志忠. 美国隔代教育家庭现况及支持方案之分析[J]. 中国家庭教育,2002(2).

④ 刘海华. 0~3 岁儿童隔代教养现状与对策研究[D]. 长春:东北师范大学,2006.

⑤ 王怡又. 祖父母照顾的幼儿如何表达情绪[D]. 台中:私立静宜大学,2000.

⑥ 邓长明,陈光虎. 隔代带养儿童心理行为问题对比分析[J]. 中国心理卫生杂志,2003(3).

⑦ 万翼. 农村初中"隔代监护"学生的不良人格特征及教育对策[J]. 江西教育科研,2004(3).

表示，隔代照料的儿童在性格方面大多表现得比较冷漠、缺少同情心且没有集体荣誉感。李炎(2003)[①]指出隔代照料的孩子比父母照料的孩子更容易产生孤独、自私、感情脆弱、缺乏同理心等心理问题。

3. 隔代照料对儿童教育的影响

由于祖辈照料与父辈照料的侧重点不同，隔代照料的儿童更容易产生厌学情绪且多数学习成绩不太理想。部分隔代照料的儿童因为长期得到祖辈庇佑，学习兴致不高，主动性和自觉性较差，祖辈对学业的督促和指导较少，导致很多隔代照料儿童的学习成绩不理想。尤其是进入初中，课程难度加大，处于青春期的他们羞于表达自己在学习中遇到的困惑，与家人少有沟通，导致他们对有些课程一无所知。沈辉香(2005)[②]通过调查发现，隔代照料学生的学习成绩整体水平不高，中等和稍差的分别占 33.61% 和 34.24%，而学习成绩优良的只有 31.25%，有高达 2/3 的学生学习成绩处于中下水平，这与完成正常学业要求的成绩差距较大。

(三) 隔代照料对育龄青年的影响

隔代照料机制广泛地影响着家庭的生育、储蓄、劳动决策和代际转移(段飞燕、李静，2012)[③]。隔代照料能为子辈家庭提供服务支持和经济支持，老年人参与孙子女的照料工作，能有效分担子女的儿童照料压力；相对于社会化照料和市场化照料，隔代照料更让人安心，这对于双职工子女家庭来说意义远大于经济支持。隔代照料还能够实现工作与家庭的平衡，营造良好的家庭氛围，这可能会对成年子女是否生二胎产生积极影响。由此，具体从劳动就业和生育调节两方面来考察隔代照料对青年子女的影响。

---

① 李炎. 农村"隔代教育"调研[J]. 四川教育，2003 (21).

② 沈辉香，戚务念. 农村留守儿童的成长迫切需要父母的关心[J]. 当代教育论坛，2005(5).

③ 段飞燕，李静. 近十年国内外隔代教养研究综述[J]. 上海教育科研，2012(4).

1. 隔代照料与青年就业

王晶、杨小科(2017)[①]认为隔代照料是节约家庭抚育成本的一种决策。祖父母在儿童照料方面提供帮助，可以让子女妥善配置用于工作和家庭的时间，帮子女有可能通过参与就业或者更好地投入工作创造条件，获取更多经济报酬，减轻家庭的经济压力。沈可等(2012)调查了我国 9 个省市的家庭数据，发现祖辈提供的隔代照料服务明显减少了子女的家务负担，增加了子女的工作时间，提高了他们的劳动生产效率，特别是对女性劳动参与率的提高有明显的促进作用。

儿童照料会对女性参与劳动市场产生很大的阻碍作用，且在家庭与工作的冲突与矛盾中，即使女性参与劳动，也会受到程度不一的收入惩罚。国外的很多研究表明隔代照料有利于提高女性的市场劳动参与率(Aassve, et al., 2012; Arpino, et al., 2014)[②]。经济合作与发展组织(OECD)国家女性劳动参与率最高的是丹麦，达到了 82%，其中有 0~2 岁儿童照料任务的女性劳动参与率为 75.8%，有 3~5 岁儿童照料任务的女性劳动参与率为 79.9%，有 5 岁以上儿童照料任务的女性劳动参与率高达 86.4%。而自由主义福利体制下的美国主要是通过市场化服务来提供儿童照料服务，2016 美国有 0~5 岁儿童照料任务的女性劳动参与率为 64.5%，其中有 26.3% 的女性从事的是兼职工作(U. S. Bureau of Labor Statistics, 2017)[③]，比丹麦有同龄儿童照料任务的女性劳动市场参与率低十几个百分点。由此可见，社会福利制度和家庭政策的不同，会直接影响家庭儿童照料分工和女性市场劳动参与率。Ogawa 等(1996)调查发现，与父母同住显著提高了女性劳动参与率，其他国家和地区的研究结果基本一致(Kolodinsky, et al., 2000; Sasaki, 2002)。此外，Compton 和 Pollak(2014)研究发现，子女与父母居住距离较近时，有利于祖父母隔代照料的供给，会提高女性的劳动参与率。

隔代照料是父辈老年人适时承接了子辈年轻一代在家务与育儿上的责任，在

---

①　王晶，杨小科. 城市化过程中家庭照料分工与二孩生育意愿研究[J]. 公共行政评论，2017(2)：140-155.

②　Aassve, et al. Grandparenting, Educantion and Subjection Well-being of Older Europeans [J]. Geo-Journal, 2012(2)：67-69.

③　U. S. Department of Labor. Bureau of Labor Statistics What it Does, and its Impact[R]. 2017.

理论和实践中都能得出减轻了子辈儿童照料任务的结论。在祖辈帮助子辈减轻家庭儿童照料负担的同时，也能够增强祖辈与子辈代际间的联系频率，而且隔代照料还能提高男性参与育儿活动的概率。有实证研究发现，老年父母的隔代照料会显著提高子女的劳动供给，其中男性和女性的劳动参与率分别提高了 6.3% 和 14.3%，而且女性相较男性，其工作时间增加幅度更大。隔代照料服务相较于雇佣保姆、月嫂的市场照料服务，隔代照料能为孙子女提供更加安全的成长环境，减少子女对市场照料服务安全方面的担心，能帮子女更好地投入工作。

2. 隔代照料与生育决策

隔代照料不仅是单一的家庭内部分工模式，还是人口要素构成中的重要内容，表现为通过照料和抚幼服务的直接供给，缓解、替代生育主体(特别是女性主体)的生育抚育压力，平衡家庭与工作关系，从而促成生育意愿(想生或不想生)、生育决策(现在生还是延迟生)以及生育行为(生或不生)的达成。关于生育变动的研究可以从对妇女就业、抚幼参与、生育调节的方面来分析。虽然中国的家庭也呈现出"去家庭化"的发展趋势，但因为儿童照料问题，分散居住的家庭可能会考虑重新聚集在一起，共同承担抚养儿童的责任。

Raymo 等(2014)①发现隔代照料会显著影响父母的生育动机。当低生育率状态持续时间延长，如何提高女性生育率尤其是二胎生育率是政府需要迫切解决的重大问题。2016 年"全面二孩"政策的颁布实施为生育率问题的解决带来了转机，生育新政与每位女性、每个家庭都息息相关。学者们将隔代照料当作影响生育的诸多要素之一，而"一视同仁"的局面在"全面二孩"政策后有所突破，隔代照料升级成为"核心自变量"，重要程度和影响效果显著提升。

理论上，家庭经济压力和儿童照料能力是影响育龄青年生育意愿最大的两个要素(张勇等，2014)②。事实上从各地区的实践与反馈信息中也获得了类似的支持结果。在江苏省开展的一项生育意愿调查中显示，91.3% 的家庭由于祖父母提

---

① Raymo J M, Park H, Lwasawa M, Zhou Y. Single Motherhood, Living Arrangements and Time with Children in Japan[J]. Journal of Marriage and Famiy, 2014(4)：843-861.

② 张勇，尹秀芳，徐玮. 符合"单独二孩"政策城镇居民的生育意愿调查[J]. 中南财经政法大学学报，2014(5)：14-19.

供的隔代照料帮扶实现了其生育第二个孩子的意愿①。闫萍（2015）②调查发现，隔代照料是影响生育意愿的第3至第5位因素。周鹏（2017）③认为，延迟退休有可能削弱老年人的隔代照料支持能力进而降低或延后家庭生育率。张银峰（2017）④调查发现，隔代照料能够显著降低家庭生育成本，是家庭生育二孩的基础条件。对于中国传统家庭来说，如果"一孩"是延续家族香火的刚性需求，那么生育二孩则更符合"木桶理论"——任何条件的缺失或不足都有可能成为生育二孩的关键阻碍。⑤ 健全的社会公共儿童照料体系能够显著提高生育意愿。北欧国家相关研究也证实了覆盖范围广、安全性能高的儿童托幼体系能够促进生育率提高，减少家庭儿童照料的支出，提高妇女的生育意愿。

隔代照料一直以来是中国老年人参与社会经济和文化活动的主要途径和表达方式，体现了老年人在家庭中的重要地位。我国老年人提供的隔代照料其照料动机、照料模式和照料强度与西方国家的隔代照料存在较大差异。随着我国生育政策的逐渐放松，面对我国尚未完善的社会化托幼服务体系现状，隔代照料的供给能力将会对成年子女的生育决策产生较大影响（宋靓珺 等）⑥。根据三代人居住方式的不同，我国隔代照料基本可以分为长期共居型、候鸟型和留守型三种照料方式。在隔代照料与生育二孩意愿的关系测量中，得出结论：长期共居型隔代照料对二孩生育意愿的正向效应最为显著，候鸟型次之，而留守型隔代照料则对生育意愿起反向作用。

---

① 茅倬彦，罗昊. 符合二胎政策妇女的生育意愿和生育行为差异——基于计划行为理论的实证研究［J］. 人口研究，2013（1）：84-93.

② 闫萍. 家庭照料对北京市生育意愿的影响［R］. "全面二孩与人口发展"学术研讨会暨《北京人口发展研究报告（2015）》发布会，2015.

③ 周鹏. 延迟退休、代际支持与中国的生育率［D］. 北京：首都经济贸易大学，2017：6-10.

④ 张银峰. 青年两孩生育意愿及其子女成本收益分析［J］. 中国青年研究，2017（5）：66-73.

⑤ 周鹏. 隔代抚养的测量：现状、困境与改进——基于中国生育（率）研究的视角［J］. 南方人口，2019（1）：31-42.

⑥ 宋靓珺，杨玲，彭希哲. 中国老年人隔代照料与健康后果的实证研究及政策思考［J］. 人口学刊，2020（1）.

(四)隔代照料对家庭代际关系的影响

家庭是由特定背景下的家庭劳动力的社会关系构成的(Mackintosh，2000)，关于隔代照料与代际关系之间的研究有促进一说，也有失衡冲突一说。

一方面，祖辈提供隔代照料服务可以看作是维护与子辈、孙辈代际关系的一种特殊形式。宋璐(2013)①等人基于利他主义原则对隔代照料中的代际关系做了详细说明。他们认为：祖辈们隔代照料的决定是在综合考量了家庭整体的利益获得和家庭责任分工的基础上做出的。他们不仅关注自己因隔代照料需承担的家务劳动、可能面临的福利损失，而且他们通常还会充分考虑家庭整体的经济收入、子女事业发展、社会化托幼的安全性等多种相关因素，争取实现家庭资源的帕累托最优。老人往往把自己与子辈的利益紧紧联系在一起，甚至会牺牲自己的利益去换取子女获得更多利益。同时子女也会感激老人为照料儿童做出的牺牲和努力，未来在老人需要子女帮助的时候，子女也会义不容辞地为老人提供赡养服务。

另一方面，虽然成年子女和他们的父母之间的代际支持被视为大家庭亲密关系的标志，是一种良性的互动，但这并不总是意味着高质量的代际关系。也就是说隔代照料能体现融合，但也可能会出现分歧。因为几代人频繁地接触，在经济上容易出现失衡，在情感上容易忽视彼此的感受，这些不和谐的现象很可能会导致两代人之间出现更多的冲突(Van Galeen and Dykstra，2006)。现今，科学育儿观逐渐替代了传统育儿观，两代人之间两种不同的观念容易在融合的过程中擦出火花，导致两代人之间产生较大的矛盾和冲突，影响代际关系和谐。在现下黄金档热播的电视剧中，因"育儿观念冲突引起的婆媳矛盾"题材的电视剧受到广大观众的热烈追捧，这在一定程度上反映出因隔代照料产生的代际矛盾在人们的日常生活中并不罕见，所以这类题材的电视剧能引起观众共鸣。有研究发现，我国中产家庭的儿童照料存在代际和性别的分工，呈现"严母慈祖"的格局。2014年中国老年社会追踪调查研究发现，随着隔代照料服务供给频率的不断提高，老年

---

① 宋璐，李亮，李树苗.照料孙子女对农村老年人认知功能的影响[J].社会学研究，2013(6).

20

人常会因子女向自己索取过多而产生负面情绪。

如前所述，家庭代际团结和冲突是同时存在并相互交织的。尽管因照顾孩子而引起的代际矛盾时常发生，但这些矛盾总是表现为可控的，或者是可以协商解决的分歧，它们的交织作用可能会导致家庭选择多种方式来照料儿童。

三、隔代照料的政策支持

关于隔代照料的政策支持，要回答两个问题：政府是否应该对隔代照料给予政策支持以及政府能为隔代照料提供哪些方面的支持。如此，回答第一个问题时就需要充分论述隔代照料的社会价值，只有突破家庭私人内部领域进入社会公共视角，才能成为社会政策关注的问题，继而为其提供支持。之后便是探讨以什么方式、包含什么内容、达到什么目的，来具体制定制度，实现支持体系之间的有效衔接。

(一) 隔代照料的社会价值

刘鹏程(2018)[①]认为"隔代照料"的社会价值被严重低估。祖辈帮子辈照料孙辈，照顾孙辈的日常起居，能让众多家庭在繁重的家庭和工作事务之间觅得平衡，但隔代照料者背后的隐忍和付出，对社会的价值贡献未被有效认可。文章认为应积极关爱提供隔代照料服务的老人，提升祖辈生活满意度。健全老年人的社会支持体系，释放家庭活力，迎接社会老龄化的挑战。王春光(2006)[②]认为城市中有很大一部分老人是因隔代照料而流动过去的，从严格意义上来说，他们属于"半城市化"[③]人口。他们在陌生的城市为实现家庭低成本儿童照料贡献自己的力量，但由于住房条件的限制、异地养老带来的不便，老年人在提供隔代照料的同时给自己的健康养老带来了消极影响，需要政策层面的适度支持。

---

① 刘鹏程. 被低估的"隔代照料"[J]. 中国社会工作，2018(7)：1.
② 王春光. 农村流动人口的"半城市化"问题研究[J]. 社会学研究，2006(5)：107-122.
③ 半城市化是特指中国城市化进程中的一种现象。具体说来，是指农村人口向城市人口转化过程中的一种不完整状态，其表现为，农民已经离开乡村到城市就业与生活，但他们在劳动报酬、子女教育、社会保障、住房等许多方面并不能与城市居民享有同等待遇，不能真正融入城市社会。

（二）隔代照料政策支持的实践

首先是对隔代家庭的关注与政策主张。由于离婚率上升，单亲家庭增多，由祖父母抚养孩子的家庭是美国最脆弱的家庭（Fuller-Thomson、Minkler and Driver，1997；Dressel and Barnhill，1994；Jendrek，1994a；Minkler and Roe，1993）。药物滥用、青少年怀孕、艾滋病和监禁等原因使单亲母亲和低收入家庭的比例过高，支付最低生活工资和提供福利的工作数量的下降在经济上挤压了在职的穷人和中产阶级家庭，因此他们越来越需要依赖扩大的家庭支持。虽然由单身祖母抚养孙子的家庭的贫困率高于由单身母亲及其子女组成的家庭，但提供隔代照料的祖父母参与公共援助计划的比例相对较低（Brandon，2005）。这表明，美国政府的项目没有充分满足隔代照料家庭的需求，尽管这些孩子和他们的祖父母是美国最弱势的群体，最需要帮助的家庭获得的资源最少，这让人想起了马太效应（Merton，1968）。

其次是出台儿童照料政策。早在一百多年以前，西方学者就开始关注儿童照料问题，随着西方经济几次大的经济变革，西方国家早已建立起了一套完备的儿童照料服务体系。儿童能不能得到妥善照料、照料质量的高低直接影响着国家的人口再生产，对国家经济文化的发展有重要作用。因此，很多国家积极发展社会托幼体系，大力扶持家庭照料对社会托幼的补充作用，试图缓解因儿童照料带来的工作和家庭矛盾，把儿童照料政策作为社会福利政策的重要建设内容。许多欧洲国家主张儿童照料不光是家庭的责任，政府和市场也必须主动承担儿童照料的责任，强调儿童照料的多元责任主体。面对家庭仍然承担着大部分儿童照料责任的情况，许多西方福利国家出台了一系列经济支持、制度支持、服务支持、环境支持来鼓励和帮助家庭照料的可持续发展（Bettio and Plantenga，2004）。20世纪60年代，OECD国家最先给有儿童照料服务的夫妇提供经济补贴，这是国家支持儿童照料服务的开端（Ellingsaeter and Leira，2006）。社会民主福利主义的典型国家丹麦非常重视女性家庭角色和社会角色的平衡（Esping-Andersen，1990），丹麦政府出台了一系列有效的政策、经济和服务支持来帮助家庭缓解儿童照料的压力，丹麦的女性就业率也是世界最高的（Gauthier，1998）。

再次是对隔代照料的鼓励政策。杨菊华、杜声红(2017)[①]通过对日本、韩国、新加坡、澳大利亚等8个国家的不同家庭政策的综合分析，认为隔代照料对落实生育政策、增加育龄青年生育意愿有明显的促进作用，呼吁将隔代照料纳入托幼服务体系，提高隔代照料的质量，向西方已实行多年的家庭照料支持实践学习，为提供隔代照料的老人予以免费健康管理服务或以养老金、补充医疗保险的方式直接给予他们一定的隔代照料现金补贴。日本政府为了鼓励隔代照料，出台了一系列政策支持和假期支持。比如：如果祖辈为儿童提供了经济援助，政府会适当减免祖辈的个人收入所得税；为了缓解祖辈在儿童照料和工作间的冲突，日本政府出台了"带孙子假"，以留住劳动力市场上的老年人。韩国为了鼓励隔代照料，政府向提供隔代照料服务的祖母或外祖母发放经济补贴。新加坡把家庭作为一个整体的福利单元，为有12岁以下儿童照料任务的家庭发放祖父母隔代照料津贴。澳大利亚为了支持隔代照料，专门出台了家庭税收福利政策，提供隔代照料服务的老年人可申请隔代照料津贴，并且把隔代照料补贴纳入国家财政预算体系中。

四、简要述评

总体来说，国内外学者对隔代照料现象进行了深入且广泛的研究，并基于调查数据等定量和实践分析，开展对儿童的生活状况及照料提供者参与社会活动与健康等方面状况的探讨，得出一些具有启发性的结论及指导。这些研究启示我们要通过各种社会支持政策来提高老年人参与隔代照料的频率并降低强度，使隔代照料取得积极成效，如探索通过社会津贴、补助等方式给予隔代照料的供给者一定的经济回报，充分肯定从事隔代照料的老年人对社会所作贡献的价值；通过发展社会政策项目，促进隔代照料的发展等。但是，我国现有的对隔代照料基本模式、影响因素、理论视角的分析基本上是介绍性、描述性和西方化的，缺乏立足中国家庭生活、家庭问题、人口结构、经济发展、文化传统等实际，且学界对隔代照料的探讨多为利弊分析和类型研究，缺少在新的生育政策背景下，系统研究

---

① 杨菊华，杜声红．部分国家生育支持政策及其对中国的启示[J]．探索，2017(2)：137-146.

生育政策给隔代照料带来了哪些影响，政府针对这些影响应采取什么措施来改善现在面临的问题。

随着西方国家的隔代照料支持政策由"经济保障"升级为"服务保障"，隔代照料支持政策被视为健全社会公共育儿体系的重要内容而越来越受到广泛关注。西方几十年的关于隔代照料的政策支持的研究，对隔代照料已有较深刻的认识，并积累了丰富的理论和实践经验，隔代照料的支持政策影响着家庭发展的方方面面：从家庭的支付能力来说，隔代照料提高了子女特别是年轻女性的劳动参与率，增加了女性的劳动收入，对缓解家庭的经济压力有显著影响。从隔代照料对照料者的心理健康方面来说，既有积极影响也有消极影响，因隔代照料任务的强度、时长不同，给照料者带来的压力也不同。低强度的隔代照料可以看作是家庭关系融合的一种生活状态，促进祖辈与子辈、孙子辈的情感交流，让祖辈在其中收获满足感；高强度的隔代照料可能会让照料者觉得身体透支，在情绪无法得到正常排解的时候甚至觉得子女在"啃老"。从生活方式上来看，隔代照料使部分照料者离开了熟悉的生活环境，短时间又难以融入新的社区生活，在一定程度上限制了照料者的闲暇活动。西方国家为帮助家庭缓解儿童照料方面的压力，为家庭或照料者提供了包括经济补贴、工作环境支持、社区养老服务、育儿技能培训、再就业指导等全方位的社会支持。

我国的社会政策研究始于 2010 年，对隔代照料的政策支持力度不大且发展缓慢。考虑到隔代照料作为弥补我国当前和未来儿童照料供给不足的最主要方式，其支持政策不仅对儿童、妇女、照料者产生直接影响，与家庭文化的传承和社会经济的发展也有密切关联。本书认为我国政府应借鉴西方国家丰富的隔代照料支持经验，在对隔代照料面临的问题给予更多关注的同时，制定符合我国隔代照料需求的支持政策，促进社会化公共育儿体系的发展。我国隔代照料政策支持研究目前处于初步发展阶段，仍有很大的拓展空间。

从研究对象上看，存在照料者或者被照料者的单向性选择。隔代照料不仅让儿童、妇女受益，同时给提供照料的老年人的生活也带来了影响。现有的研究多关注单一群体的福利，而缺乏对家庭整体福利的评估。或者是注重隔代照料供给者的福利损失，忽视了隔代照料直接对象儿童在这一行为过程中的需求变化。很多学者研究隔代照料只是从照料过程中出现的问题出发，而没有把隔代照料放在新的社会文化背景下综合观察，忽视了国家人口政策的变革对隔代照料带来的变化。

从研究内容上看，重视隔代照料现象的研究，而对政策支持的建设却不足。目前在我国社会学领域开展的关于隔代照料的研究成果较多，涉及到隔代照料与经济福利、健康管理、情感需求、生活方式等诸多方面。囿于社会学研究方法的特点，他们通常只是从多方面描述我国隔代照料面临的问题，却没有从国家治理层面提出切实可行的解决方案。

从研究方法上看，对隔代照料的支持尚需要从多方向、多维度综合考量，探索隔代照料对儿童、妇女、老人福利影响的全貌，力图发现隔代照料的普遍问题。目前，我国学者在就隔代照料活动对家庭成员的影响进行了大量定量研究，然而大多数学者只是开展了初级的定量分析或以截面数据看隔代照料的问题，并不能说明长时期普遍存在的问题，可信度不足。因此，究竟应该对隔代照料提供哪些支持，需要理论结合实际，提升支持政策的可及性和有效性。

第三节 研究内容与方法

一、研究的基本思路

长久以来，生儿育女一直被认为是家庭事务，国家根据社会经济文化的变迁会适时调整生育政策来宏观把控人口发展方向。随着生育新政的实施，让一些家庭迎来了"二胎时代"，人们的生育意愿和家庭结构都有所改变，这对照料儿童、老人养老、女性就业提出了新的要求。一方面是日益增多的二胎家庭，另一方面是基数庞大的老年群体，如何在公共托幼资源不足的情况下，积极鼓励老年人提供隔代照料服务来弥补公共托幼资源的短缺，成为当下符合我国儿童照料供需市场的有益探索。事实上，由于传统的家庭价值观念引导和现代社会的经济约束，隔代照料越来越成为现代家庭儿童照料的主要模式，这种模式具有深厚的社会价值。

"全面二孩"政策为隔代照料的研究提供了丰沃土壤。因为随着生育新政的效能持续发力，必然会增加我国"二胎家庭"的数量，面对社会化托幼体系资源匮乏且社会化托幼机构信任度偏低的客观情况，隔代照料在我国十分普遍，绝大多数老人表示为儿童提供过隔代照料服务。根据《中国家庭发展报告（2016）》显示：中国家庭"三代户"比例不断增加，这从侧面反映出大部分老人延续了我国传统家庭中扮演的角色，力所能及地为子女分担日常家务和儿童照料的压力。但是，隔代照料作为社会照料的分担承载机制，也面临很多争议：隔代照料到底是老年人发挥余热的一种方式还是年轻人"啃老"的表现？是儿童照料的家庭最优决策还是弱势家庭的无奈选择？是积极养老还是消极弥补公共照料资源的不足？是促进代际团结还是引发代际矛盾？

　　本书认为，隔代照料是一种值得鼓励的儿童照料方式，对儿童、老人、家庭都有益处。它不仅夯实了家庭照料体系，还能促进生育新政的实施，两者相辅相成，相互促进。针对目前隔代照料存在的现实问题，本书对症问诊，在梳理现有隔代照料支持政策的基础上，找出目前我国对隔代照料支持政策的不足之处，结合隔代照料面临的现实需求，构建针对性强并切实可行的隔代照料政策支持体系。

二、研究的框架和内容

　　老龄化是不可逆转的社会进程，"全面二孩"的生育新政是适应社会发展变化的适时决策，生育新政增加了二胎家庭的数量，在一定程度上促进生育率的提高，为实现人口长期均衡增长奠定基础。随着生育政策的放开，婴幼儿照料需求的增长，受社会化托幼服务的发展制约，市场化分担转移照料压力的效果不明显，多数家庭在基于家庭最优决策或经济束缚下把求助的目光聚焦在祖父母对孙子女的隔代照料上，以节约养育成本、平衡家庭与工作矛盾、促成良好的代际支持互助，夯实了社会治理的基础单元。诚然，隔代照料自古有之，且在代际传承之间薪尽火传，对社会文明和家庭建设发展起着"润物无声"的积极作用，然而，当隔代照料进入现代生活阶段，其面临的家庭结构、社会环境、价值理念都发生了变化，隔代照料就其属性及本质而言，是家庭照料的一种特殊形式，对父母照料儿童起到辅助作用，并不能完全替代父母的儿童照料责任，它也是社会化托幼体系的一种补充方式。生育新政实行以来，隔代照料在很大程度上缓解了社会托幼服务供给不足的现状，但随着隔代照料需求增多、强度加大，在缓解家庭儿童照料压力的同时，也在实践中面临诸多现实困难，由于我国缺乏隔代照料的支持政策，现今的隔代照料模式无以为继，还由此引发一系列的社会问题。

本研究以生育新政为研究背景，从隔代照料这一社会现象出发，欲达到三个主要研究目的：第一，阐述什么是隔代照料。隔代照料自古有之，为什么现在进入公共研究领域？回答为什么要关注隔代照料以及如何关注的问题。第二，隔代照料与生育新政之间有何种内在联系，探讨在生育新政背景下，随着生育制度的逐步放开，祖辈为子辈在儿童照料上提供了哪些帮助，而这种帮助又会在多大程度上影响子辈的生育意愿，为生育政策的发展奠定理论依据。第三，隔代照料政策支持体系包括哪些内容？政策支持体系要达到什么样的效果（即政策目标）？三个研究目的层层推进、相互嵌套，从出发到结尾保持严谨的逻辑闭环，遵循微观现实与宏观政策两方面的逻辑主线。在现实层面，聚焦隔代照料面临的现实困境，论述隔代照料的相关影响因素以及面临的价值争议，全面立体地还原隔代照料的"真实面貌"，是政策制定要回应现实之需。在政策层面，则是在厘清隔代照料与生育之间深刻的内在关联机制的基础上，通过生育行为调节的中介载体与生育新政的落地实施建立逻辑靶点，进而凸显隔代照料的研究视角，提出有针对性的建议措施，增强隔代照料的政策支持供给，完善宏观政策之间的统筹衔接，使隔代照料走上良性循环的发展道路。

本书共计七个章节，分四个逻辑关联部分来进行分析论述。

第一部分为研究的先导与奠基，包含第一章"导论"和第二章"相关概念及理论基础"这两个章节的内容。其中，导论介绍了本书的研究背景及意义、文献综述、研究内容和方法以及创新与不足之处，交代了与隔代照料相关的已有研究成果和国内外研究动态，是本书写作的"引子"及主要内容、研究方法的总体概览；在概念界定中，具体阐述了生育新政的政策内容与政策目标、儿童照料与隔代照料的具体内涵及其周延边界、政策与政策支持的深刻内涵等，然后通过社会投资理论、福利多元理论、社会性别理论进一步论证了隔代照料的运行机理及其在发展变化过程中有哪些转向和突破的空间，构建了隔代照料的理论分析框架并夯实了理论指导实践的现实意义。

第二部分为隔代照料的现状描述和隔代照料与生育的关联论证分析，包括第三章"我国隔代照料的现状分析"和第四章"隔代照料与生育之间的关联分析"两个章节的具体内容。首先，从客观实际出发，介绍了隔代照料的普及程度，它呈现出什么特点，并进一步测量了隔代照料与老年人的养老意愿、养老质量、养老权益等之间的关系。然后直面隔代照料现存的突出问题，包括隔代照料或将给老年照料者带来福利损失，如改变老年人预期的养老生活方式、高强度的照料劳动对老年人身心健康造成的负面影响等。如何提高隔代照料质量、妥善解决因隔代照料而加剧的城市治理问题及农村留守儿童和留守老人的问题，需要社会给予更多的关注和支持。紧接其后，把"隔代照料"这一议题置于我国生育新政的背景下分析研究其内在的关联属性和影响机制，凸显研究主题的明确性、紧迫性和价值性。分别从家庭生育决策、儿童照料安排、女性"家庭—工作"平衡以及儿童养育成本这四个方面来论述隔代照料对"生育决策家庭"在生育动机、生育意愿、照料儿童及平衡家庭与工作之间的内在影响与抉择。

第三部分梳理了现有的与隔代照料相关的政策，并提出现有政策的不足，在借鉴西方隔代照料支持政策实践经验的基础上，总结出西方实践对构建我国隔代照料政策支持的启示，包含第五章"我国隔代照料政策支持发展脉络、存在缺陷及原因分析"和第六章"国外隔代照料政策支持实践与经验借鉴"这两个章节的具体内容。首先，在隔代照料相关的政策梳理部分，秉承隔代照料系儿童照料体系中重要内容的一脉相承，系统地梳理了我国有关儿童托幼、生育保障、经济支持等方面的政策变迁路径，提出隔代照料作为非正式的儿童照料方式尚未得到公共政策方面的支持，论述了其具体存在的问题和对问题的原因进行深度剖析，为隔代照料政策支持体系的建设奠定基础。他山之石可以攻玉，在我国现实政策梳理及其存在不足的基础上，论述了不同福利思想下的隔代照料政策支持安排和主张，分别以自由主义福利观、社会民主福利观、保守主义福利观和多元福利观下的社会福利主张及与隔代照料相关的政策安排，辩证阐述了隔代照料与社会福利之间的应然关系，继而在福利体制存在差异的基础上，分别选取美国、挪威、德国和意大利四个典型国家的家庭政策、儿童照料政策、隔代照料政策进行横向及纵向的对比分析，最后回归应用层面，凝练值得我国借鉴的经验。

第四部分为政策建议，即第七章"我国隔代照料政策支持体系的构建"。该部分回顾总结全文，对本主题的研究做出一个基本的梳理及定论，继而在科学合理、严谨论证的基础上，尊崇理论联系实践的路径，坚持问题导向，提出了切实可行、行之有效的政策措施。

本研究的技术路线如图 1-1 所示。

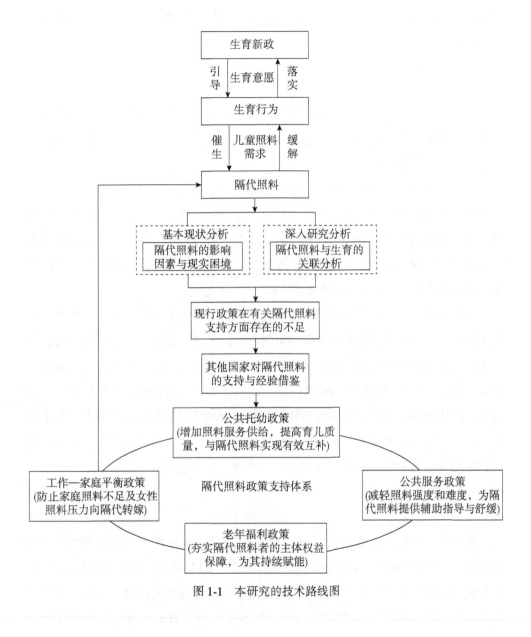

图 1-1　本研究的技术路线图

三、研究的基本方法

研究方法为研究内容服务。根据研究对象的差异及研究内容的特征，本书采取理论研究与调研分析相结合的研究部署，综合运用文献研究法、比较研究法、实践调研法和定量分析法，对生育新政背景下如何加强隔代照料的政策支持提出了新的思路。

(一) 文献分析法

全面的文献研究既要有纵向时间序列的跨度研究，更要有横向的跨领域综合研究，主要指对文献进行搜集、鉴别和整理，通过分析文献对研究主题形成整体思路。本书的文献研究主要有两个部分：

一是对国内与隔代照料相关的研究成果梳理。国外学者对隔代照料的研究起步较早，对隔代照料的支持政策已经取得了丰硕的研究成果，近几年国内学者特别是社会学和教育学界对隔代照料的问题展开了激烈讨论，这些研究的成果为本书研究打下了坚实基础。对老年人、妇女、儿童的福利需求与供给现状进行考察，有利于系统、清晰地把握"隔代照料"这一主题。

二是对现有的与隔代照料相关的政策文献梳理。政策的变化发展体现了中华人民共和国成立以来我国儿童照料政策随着人口生育政策的调整而历经的发展和变化。从政策的演变过程中梳理有关隔代照料政策考量的点滴汇集，对相关的政策文本进行分析是政策研究的重要基点。深入了解我国生育政策及其调整的历史沿革，隔代照料从家庭领域突破到社会公共政策领域的动态演进的过程，其中具体的政策文本包括涉及社会保障、妇女劳动就业权、人口与计划生育、儿童照料教育等相关主题的政策法规、发展报告、统计年鉴、重要领导讲话等。

(二) 比较分析法

基于传统文化、社会背景及制度渊源的差异，西方国家与中国对"隔代照料"的认知和反馈有着不同的应对，相关的隔代照料政策支持安排也有明显不同。本研究通过阅读大量的外国文献，对世界范围内同样面临人口出生率低、儿童照料资源不充足、隔代照料供需"不平衡"的国家的历史背景、现实困境、政策指导等进行总结、分析和借鉴，从中西不同的研究范式中捕捉最新的研究动态和发展趋势。

本研究的隔代照料结合了我国政治、经济、文化发展时势，对不同福利体制的典型国家关于隔代照料支持政策的安排展开了深入分析，选取美国、挪威、德国和意大利四个具体国家有关隔代照料的制度安排，通过横向与纵向比较，有助于对标我国现实，借鉴西方科学合理的隔代照料发展理念与政策安排。

(三)问卷调查法

本研究自编《湖南省女职工二孩生育意愿调查问卷》，通过随机抽样选取分别在民营企业、国有企业、自主创业、事业单位就业的女性样本，以网络问卷发放的形式，对湖南省内女职工的就业状况、家庭事务分工情况、育儿支出情况、对生育新政的了解程度进行了实际调研，以期了解影响女性生育"一孩"以及生育"二孩"的主要原因，调查女性对当前社会托幼服务的满意程度及希望社会提供什么样的儿童照料支持等现实状况。本次调研共发放问卷500份，针对问卷填写的完整性和真实性，最终筛选出有效问卷440份，问卷回收率为88%。

(四)定量分析法

本书通过对结构式问卷调查及专项数据库统计研究的方法对所获得的数据资料进行量化分析，采用SPSS专业统计软件对统一口径和同一截面的数据资料进行深度加工总结，以期用现实数据来论证隔代照料的相关需求，从而加强隔代照料的政策支持。具体来说，本书将使用隔代照料相关的公共调查数据库、公开发布的统计年鉴、公开出版的资料编汇的数据以及作者在调研过程中自主收集和整理的原始数据，对隔代照料的状况进行统计和测量。

第四节 创新与不足

一、可能的创新之处

创新点一：系统论述了隔代照料与儿童成长、老年养老、家庭发展、人口生育的辩证关系，为我国生育政策的适时调整、实现国家人口均衡发展提供了新的研究视角。隔代照料是儿童照料的重要方式，对我国儿童照料体系的完善起到不可或缺的补充作用。生育新政背景下，家庭对生育有了更为灵活的决策权，政府调节生育的政策及动机也应实现相应的转变，隔代照料支持政策的重视和出台将会填补国家强制计划生育政策改变后留下的空白，缓和生育政策由紧变松之后，以家庭为"养育单位"的主体在儿童照料上面临的需求与供给失衡的矛盾，为儿童照料、女性就业、老年养老、生育政策落地提供一个分析路径。

创新点二：从男女平等的角度来审视隔代照料的议题。隔代照料不仅是代际之间的"分工协议"，同样还具有深刻的"性别"烙印，进一步延续且深化了家庭视域内"男女负担失衡"的问题。一方面，隔代照料过程中的女性祖辈面临着较大的照料负担和压力，这与女性照料者自身责任内化趋同及社会对"主要由女性提供照料"的固化认知、强烈期望有关，由此带来的老年女性群体"被迫"承担较多照料责任，造成生活质量下降，甚至陷入贫困或窘境等社会问题突出。另一方面，关于男女平等的研究和主张大多是从"横向"的两性关系中来考量，而很少从"纵向"的代际关系视角来考察。事实上，隔代照料在很大程度上承担的是年轻母亲"工作—家庭"不平衡的挤压后果，也就是说现代女性能够获得与男性平等的劳动就业权益，有很大比例是以转嫁给父母辈劳动付出的方式来实现的，男女两性在家庭事务领域中固有责任分工并没有突破，而老年女性照料者的多重照料压力也反过来加剧了男女平等失衡的程度。这为深层次、多维度、立体的衡量隔代照料议题提供了分析空间。

创新点三：相较于以往仅局限于分析不同主体在隔代照料过程中面临的困境，本书对隔代照料的研究往前迈了一步，在认清现状、分析原因、借鉴国外经验的基础上构建了我国隔代照料政策支持体系的基本框架和具体内容，提出增加祖父母隔代照料的亲职假权益，具有较强的政策前瞻性。随着生育新政的效能持续发酵，隔代照料将会走进大多数二胎家庭。我国女性就业率持续走高和老年人延迟退休的客观社会及政策环境，可能会削弱有迫切照料需求的家庭获得灵活、低成本儿童照料服务的机会，也将会对育龄青年的生育意愿及劳动就业产生负面影响，由此，适时增加祖辈父母的亲职假权益，能切实为老年人提供参与隔代照料的途径，改善儿童照料资源"吃紧"状况，缓解育龄青年因照料而产生的职场压力，构建和谐稳定的劳动就业氛围。

二、不足之处

首先，本次调查研究的有效样本数据只有 440 份，且选择的是湖南省这一限定区域，样本的广度和深度都有所欠缺，属于局部性的探索研究。隔代照料的选择具有现实普遍性，但也很可能存在区域差异性，要全面深入考察我国隔代照料的现实状况，在样本数量及区域选择方面有待进一步拓展。另外，实践调研项目及问卷设计主要是针对女职工生育意愿的测量，缺失男性样本的生育意愿评估，若只针对"女职工"的生育意愿进行专项研究是较为合理的，但用以说明青年生育主体整体的生育意愿还有欠妥帖，忽视了男性生育意愿作为自变量以及男性对女性生育意愿的关联影响。在今后的进一步研究中应加强综合知识的储备，扩大研究范围和覆盖主体，全方位、多维度呈现研究议题，将科研论证做足、做细、做实。

其次，隔代照料是一种很难严格区分经济效益和社会效益并进行绝对量化的行为，故在问卷调查中设置的大多为"程度选项"，在统计分析基础上进行的定量分析难以建立起简洁单一的数据模型，数据深度加工的"雕塑性"不强，多为"比例统计"的描述性分析，欠缺数据论证及使用的精细度，对探究影响因素之间的程度性、关联性的分析不足。

最后，本书大多从公共管理学及社会福利的视角来思考"隔代照料"并以管理学科的研究范式来开展研究。然而，隔代照料是涉及社会学、人口学、教育学、心理学、老年学等多学科领域的综合性议题，难免在学科研究的范式中会有所"冲突"和"偏颇"，且多学科之间有着千丝万缕、此消彼长的相关互动关系，由于本研究的篇幅及作者的能力所限，并未能全面深刻的呈现。比如老年群体积极参与隔代照料将会对社会就业现状与结构产生什么样的冲击和影响？隔代照料强化了家庭之间的纽带联系，家庭养老的方式会得到进一步的强化整合，这又将对社会养老机制有什么样的影响等这些研究议题有待在今后的持续研究中秉承志向，攻坚克难，形成成果体系。

第二章 核心概念和理论基础

第一节 核心概念

对概念进行界定，是为了使概念在研究过程中的内涵和外延始终保持统一，本研究涉及的核心概念有生育新政、隔代照料和政策支持。

一、生育新政

"生育新政"不是有特定定义的专有名词，而是我国"计划生育最新政策"的简称，要理解生育新政的含义及其具体内容，需要先了解计划生育政策。我国从1971年开始推行计划生育政策，政策目的在于减少人口数量、优化人口结构、提高人口质量，并于1982年将计划生育政策作为宪法规定的内容，成为一项基本的国家政策。计划生育政策以现实的人口发展势态为制定依据，在特定的经济文化环境下国家会对其进行合理优化，我国的计划生育政策前后经历了八次变迁（见表2-1），本书所称的"生育新政"就是指计划生育政策的最新内容规定。

表2-1　　　　　　　　　　我国计划生育制度的变迁

时间	文件/会议	计划生育制度的主要内容
1971年7月	《关于做好计划生育工作的报告》	控制人口增长
1980年9月	《关于控制我国人口增长问题致全体共产党员、共青团员的公开信》	提倡一对夫妇只生一个孩子
1982年9月	党的十二大	确定计划生育为我国基本国策

时间	文件/会议	计划生育制度的主要内容
1991 年 5 月	《关于加强计划生育工作严格控制人口增长的决定》	继续贯彻现行的生育政策，严格控制人口增长
2002 年 9 月	《中华人民共和国人口与计划生育法》	国家应采取综合措施严格控制人口增长
2013 年 11 月	《中共中央关于全面深化改革若干重大问题的决定》	一方是独生子女的夫妇可生育两个孩子的政策
2015 年 12 月	《人口与计划生育法修正案(草案)》	全面"二孩"政策

资料来源：作者根据出台政策整理。

人口是影响一国经济发展的关键因素之一。近百年来，我国人口发展大致经历了三个发展阶段。第一阶段是中华人民共和国成立之前，我国人口呈现高出生、高死亡、低增长的特点；第二阶段从中华人民共和国成立之后到改革开放之前，我国人口呈现高出生、低死亡、高增长的发展态势；第三阶段从改革开放至今，人口发展慢慢呈现低出生、低死亡、低增长的趋势。究其原因，一方面受到人口发展自身规律的影响；另一方面，人口形势发展变化是历史与现实、传统与现代、经济与社会、物质与文化等诸多因素交互影响和综合作用的结果，需要以辩证思维及兼容思维一分为二地综合考量。

我国计划生育政策实行几十年来，育龄妇女的生育率明显由高转低，这对更多女性劳动力参与劳动力市场具有促进作用。同时，因计划生育政策干预强度过大，长期以来使我国人口规模与结构与以往相比产生了明显变化：我国的出生人口数量远远低于世界人口更替水平。根据 2010 年"第六次全国人口普查"数据，我国人口生育率为 1.18，这跟世界卫生组织公布的 2.1 的世界人口更替水平差距甚远。出生人口减少，加上老年人均寿命的延长，我国人口年龄结构趋于老龄化。有调查显示，一方面，我国儿童数占全国人口数的比例呈逐年降低趋势，儿童抚养比从 1982 年的 54.6% 降至 2018 年的 23.7%，儿童数量的减少预示着我国未来劳动力供给能力的下降。另一方面，我国老年人口占全国人口数的比例却在逐年攀升，2019 年我国老年人口 25388 万人，老年人抚养比高达 18.1%，较 1982 年上升了 9.1 个百分点。

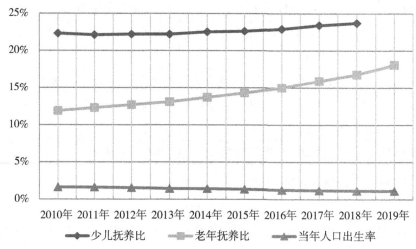

图 2-1　近十年我国儿童抚养比、老人抚养比与人口出生率的发展趋势

资料来源：《2019 年中国人口老龄化市场分析报告》。

　　基于我国人口出生率长期低于世界人口更替水平、社会发展呈现的老龄化发展趋势，《中共中央关于全面深化改革若干重大问题的决定》明确指出"继续坚持计划生育的基本国策，启动实施一方是独生子女的夫妇可生育两个孩子的新的生育政策，适时调整我国生育政策，促进人口长期均衡发展。我国的计划生育政策由"严格控制"开始走向"逐渐放松"。政策的变革引起了社会和学界的热烈讨论，大家纷纷出言献策，以期为新的生育政策落地实施贡献自己的力量。生育政策作为我国长期运行的一项基本国策，它的辐射范围覆盖了我国的政治、经济、社会、文化、人口等诸多领域，因此在政策设计和全面实行之前，必须对其进行全面评估。我国现行的生育新政，先是经历了两年"单独二孩"政策的试行和缓冲，在 2015 年 10 月，"全面二孩"政策终于在中共十八届五中全会上正式审议通过。这是国家人口发展战略的总体形势要求，标志着我国人口生育政策进入一个全新的历史发展阶段。实行多年的计划生育政策使我国逐渐形成了"421"型的家庭结构，随着生育政策的调整，国家人口政策逐步由"严格控制"到"逐渐放宽"，再到"支持生育"，我国二孩生育率有了明显提升。但是从长远来看，我国总和生育率仍长期处于更替水平以下，生育水平仍然存在持续走低的风险。在新的历史时期，如何达到生育新政的政策设计目标，提高人口出生率，缓解劳动力市场和老龄化社会的压力，成为一个新的社会议题。

二、隔代照料

隔代照料的定义不管是在学术层面还是实践层面，目前很难达成统一的共识。对隔代照料的缘起、范畴、模式未能有明确界定的主要原因则是中西方文化差异折射出不同学科之间的话语语境和关注侧重的差异。"隔代照料"并没有统一的译名和解释，在我国的学术研究中就包括但不限于这些概念：隔代抚养、隔代抚育、隔代照顾、代际支持、逆反哺、跨代抚养、非正式照顾、祖父母照料、祖辈对孙辈的照料、家庭支持、隔代带养、祖辈管教、祖辈共同养育等相似的称谓。

"隔代照料"是一个复合词汇，包含"隔代"和"照料"两方面的内容。先来解释"隔代"，顾名思义"隔代"是间隔辈分的代际关系，表现为间隔一代或多代之间的双向互动，有反哺（晚辈对长辈的支持）和逆反哺（长辈对晚辈的支持）两种形式。本书的研究主体是儿童福利，文中隔代照料的对象是儿童，因而本书选取的是在双向互动中，长辈对晚辈的"逆反哺"行为；另外，站在孩子的角度来说，隔代照料说的必定不是父母的照料，而是从祖父母或外祖父母，甚至可能是曾祖父母或曾外祖父母处得到的照料服务。毕竟在老年人均预期寿命大大提高的今天，四代同堂的家庭也并不少见，且随着健康寿命的增长，曾祖辈也有提供照料的客观身体条件。基于划定明确的研究目标和大众化的研究对象，在"多代"的代际间隔中本书只限于三代以内。总而言之，本书所指的"隔代"是三代以内祖辈向孙辈的单向照料服务供给。

其次再来看"照料"。一般来讲，照料分为正式照料和非正式照料两大体系，二者的根本区别在于国家有没有通过法律或者制度等方式对其进行干预。因此，正式照料可以理解为国家通过制度安排、财政出资等方式来满足被照料者的需求；非正式照料则表现为由家庭成员通过对家庭事务的内部责任分工，承担被照料者的照护责任。如前文所述本书研究的"隔代照料"，是指由祖辈向孙辈提供的单向服务供给，照料服务的供给主体是家庭成员，所以，相对于社会托幼服务，本书所指的"照料"是一种非正式的照料方式，它与"儿童看护""儿童照顾"

"儿童抚养""儿童抚育"的含义非常相近，在具体实践中包含着看护、照顾、教育等复合内容。

综上，"隔代照料"是一个具有多种面向的综合概念，本书所指的隔代照料特指祖辈对孙辈提供的生活照顾、经济支持、精神慰藉等。它是一种非正式的儿童照料方式，但是在儿童照料需求与社会托幼服务供给一时没办法平衡的当下，隔代照料作为社会托幼服务的补充形式，正在走进千家万户。考虑到我国的义务教育基本上是从儿童6岁才开始覆盖，0~5岁的儿童也就是学龄前儿童的照料责任主要是依靠家庭内部成员分工完成的，加上0~5岁儿童自理能力较差，自我照顾意识尚未形成，这一阶段的儿童照料时间较长，照料者、照料方式都相对稳定，因此，本书中隔代照料的照料对象特指0~5岁儿童。

（一）隔代照料的性质

一是把隔代照料作为社会托幼的一种补充方式。祖辈对孙辈的照料称作"隔代照料"，它是家庭照料儿童的一种选择，也是在社会托幼资源不足情况下的一种有效的补充照料方式。处于婴幼儿时期的儿童没有生活自理能力，他们必须完全依赖他人的帮助完成吃饭、穿衣、社交等日常活动。虽然受到现代家庭自由思想的影响，家庭成员的亲子关系、家庭事务的责任边界与以往有了很多不同，但照料儿童仍是家庭最主要的功能之一。面对我国社会化公共托幼资源供给不足、社会托幼体系信任度偏低的现实境况，儿童照料特别是学龄前儿童的照料任务仍主要在家庭内部完成。儿童的家庭照料属于一种非正式照料，是由家庭内部成员为儿童提供的日常生活起居、个人卫生护理、户外游戏互动、语言情感交流服务（和建花，2007；和建花、蒋永萍，2008）。也有学者认为除了提供日常生活照料、个人卫生护理、语言情感交流和人身安全保护之外，儿童的家庭照料内容还应包括思想文化教育，即为儿童感知社会环境、形成正确的人生观价值观做必要的准备工作（Daly，2002）。但是基于本书的研究目的，且受限于学科背景和资料数据，本研究主要探讨祖父母为孙子女提供的日常生活照料。

二是把隔代照料作为一种监护类型。隔代照料涉及祖辈（祖父母、外祖父母）、子辈（父母）、孙辈（孙子女）代际之间的关系；监护类型大体可以分为：单亲监护、隔代监护、上代监护、自我监护。把隔代照料作为一种监护类型是对隔代照料的另一种解读，即隔代家庭或有监护权祖父母家庭，忽视或者缺失了父母的照料责任，其家庭关系只包括祖辈和孙辈，即子辈外出打工赚取经济收入维持家庭的物质生活，照料儿童的任务完全或大部分由祖辈承担。这种儿童照料类型的家庭在我国并不少见。改革开放以后，农村里大量年轻劳动力进城务工，留下未成年的儿童由其祖辈照料，使农村地区产生了许多留守儿童，他们与自己的祖父母生活在一起，组成隔代家庭。隔代家庭最主要的特征是祖父母或从法律上或从形式上，代替儿童的父母行使监护权。西方也有这种行使监护权的隔代照料，他们的祖父母获得儿童的监护权主要是因为孙子女的父母因监禁、死亡、精神疾病、虐待儿童等不可抗拒的强制因素，祖父母将孙子女接来抚养以提供照料服务，或是向福利机构寻求祖父母的帮助来抚养那些父母无法照料的孩子。

三是把隔代照料作为一种养老安排。虽然现在很多老年人意识到即使退休，也应该要有自己的爱好和社交，但大部分老年人还是会或主动或被动地将照料孙子女作为自己老年生活的重要内容，他们认为适当地帮子女照料孩子，是三代人幸福的源泉。老年人为孙子女提供隔代照料服务也有助于祖父母保持年轻的心态和健康的体态。在一定强度范围内为孙子女提供有效的照料服务也是祖辈向孙辈表达关爱的一种方式。当然，祖父母能提供什么样的照料服务，受他们的年龄、居住地、健康状况、经济条件等因素的限制，但需要特别说明的一点是，隔代照料确实能丰富老年人的生活，增强老年人的幸福感。

(二) 隔代照料的类型

老年人能为孙子女提供什么样的照料服务，受多方面因素的影响。根据家庭成员居住方式和老人提供的照料形式不同，大致可以将隔代照料分为以下几类。一是共居稳定型照料。这是最常见的一种隔代照料类型，一家三代共同居住在一起，祖辈为孙辈提供日常生活照料，比如说独自或协助子女为孙辈提供穿衣、吃饭、洗漱等家务料理和个人护理帮助。二是跨区摆渡型照料。这一类型的老年人通常与子女不住在一起，但是因为居住地距离较近，能方便地频繁往来于自己和子女的居住地之间，间歇性地为孙辈提供照料服务，比如在子女工作的时日，承担起照料的责任；在子女闲暇或休息的时日，则由子女自行承担照料责任。三是随迁流动型照料。这一类型的老年人与子女通常不在同一居住地，但是为了满足孙子女迫切的照料需求，老年人会暂时性随迁至子女的居住地，为孙子女提供照料服务。一旦照料需求不再或者没那么迫切，老年人就会回归自己的生活。四是原地留守型照料。祖辈留在自己的居住地，由子辈将孙子女带到祖辈的居住处照料或者单独留下孙子女给祖辈照料，子辈平时不与祖辈和孙辈一起生活，由祖辈全权照料孙辈生活起居的模式，如表2-3所示。

表2-3　　　　　　　以居住方式和提供照料形式划分的隔代照料类型

	居住特征	提供照料的形式	适用家庭
共居稳定型	三代同居	白天、夜晚全天候的常规儿童照料或家务服务	城市中稳定就业的双职工家庭；农村中稳定的务农家庭
跨区摆渡型	父母与成年子女分开居住	主要提供白天的照料服务，晚上祖辈回自己的居住地	大多为城市中分开居住但又离得较近的代际家庭
随迁流动型	祖辈离开自己熟悉的居住地而跟随子辈共同居住	白天、夜晚全天候的常规儿童照料或家务服务，但表现出一定的周期间隔性	中小城镇家庭往大城市寻求就业；农村家庭进城务工
原地留守型	父母与成年子女分开居住	完全承担孙子女的日常照料服务，不包括对子女的家务帮助等	农村中进城务工家庭较多，城市间跨区就业的家庭也存在

资料来源：作者自制。

也有学者根据祖父母在提供照料服务过程中扮演的角色不同和服务时长的不同，把隔代照料划分为三种不同类型。第一种是全天服务并有监护权的隔代照料。这种照料类型的祖父母多与子女、孙子女同住在一起，或者子女因为工作原因、身体状况或不可抗因素无法与自己的孩子同住，子女把孙子女完全交给祖父母照料，祖父母拥有孙子女的法定监护权，承担照料孙子女的日常护理和生活决策的所有责任，祖父母在这种照料模式中扮演的是"主导者"的角色。第二种是全天服务但没有监护权的隔代照料。这种照料类型的祖父母多与子女、孙子女共同居住，为孙子女提供日常护理服务，但孙子女的生活决策还是多由其父母做出，祖父母没有孙子女的法定监护权，只是为孙子女提供穿衣、吃饭、玩耍等日常生活方面的照料。祖父母在这种照料模式中扮演的是"协助者"的角色。第三种是日间照料且不承担监护责任的隔代照料。这种照料类型的祖父母或许与子女同住，或许不同住但居住距离很近。在子女工作时间为孙子女提供隔代照料服务，子女闲暇的时候多由子女自行承担儿童照料责任，不承担孙子女的监护责任。提供这种隔代照料服务的祖父母既分担了子女的儿童照料责任，也有自己的闲暇时间，安排自己的养老生活，是老年人心中最理想的隔代照料模式。

但是，隔代照料是一个比较复杂的行为，它受到社会环境和家庭环境的多重影响，这种影响让祖父母提供照料的时长、内容、频率、强度都变得难以预估，很难明确区分老年人提供的到底是哪种类型的隔代照料。

三、政策支持

政策一词最早源于古希腊文，是统治阶级为了实现自己的治理目的而制定的一系列行为准则，是国家根据特定时期的经济文化背景，解决和回应社会问题的一种系统方式。政府通过制定行之有效的政策来实现国家管理。

政策支持，简而言之就是得到政策方面的帮助和支援，指国家立足社会治理的角度，站在宏观调控的高度，对进入公共决策视野的社会问题进行分析回应，从而制定具有针对性的措施来妥善解决这些问题，并将解决这些问题的程序过程、内容机制进行总结提升，凝练为常规的政策供给，加强指导引领力度和不良行为的约束力。那么，要真正构建完善的政策支持，除了从理论层面上的严谨论证、科学决策以外，还应考量现实维度。从实践操作层面把支持政策落地实施、用好用足，应该具有三个方面的意义。

一是政策的主观体验支持。也就是政策的受众主体在自我感知层面对支持政策是什么样的感受。比如，在隔代照料的话语情境下，社会提倡要加强隔代照料的政策支持，要保障隔代照料供给者的权益，肯定他们的社会价值。但如果在现实境况中，隔代照料者们并没有因为隔代照料支持政策的出台，而感受到更多的来自子女的感恩，或者来自社会对他们提供隔代照料服务所产生的社会价值的认可，他们就会在一定程度上降低自己对国家出台隔代照料支持政策的认同力度。同样的道理，作为生育行为的主体，年轻父母如果没有因为隔代照料支持政策的出台而切实感受到照料需求的缓解或是照料质量的提高，也会影响他们对这项政策的看法。

二是政策支持的内容精准度。国家为了改进或者解决需求者面临的现实问题，综合考量当前政治经济文化等客观环境，为需求者提供一系列的包括制度、经济、服务等战略安排。制约当前政策支持效果的除客观因素外，政策本身的形式与内容也会制约政策实施的效果。制定一项政策，必须包含但不限于明确其目标、范围、形式、时效、实施主体等一系列内容，政策内容设计得越详尽，实施的效果就会越好。丰富的政策内容建设能提高政策的效率，是政策支持的主要环节。

三是对政策支持的利用度。有了较好的政策主观认同和完整的政策供给内容，现实的政策使用程度和状况如何也是政策支持建设应该考虑的问题。也就是说受众对象会不会、想不想、能不能真正地去利用这些政策，从而起到现实改善作用，达到政策效能。正如美国学者 Mc Callion(2000)在研究美国关于对隔代照料行为服务供给的文章中指出的那样，祖父母应该更加了解可用的服务，着重提高他们利用这些服务的可能性。

除此之外，政策支持并不是孤立存在的，而是需要充分动员与它紧密相连的不同政策单元之间、同一政策不同要素之间的综合互补才能达到支持的预期。一项政策能落地，能达到制定者的预期，它必须首先要遵循公平正义的价值理念，还要借助与之紧密相连的其他政策的功能辅助，来推动其正向价值的发挥，在提供支持时发挥自我维持、综合治理的最大化功能。比如，我们倡导政府要加强隔代照料支持政策的构建，致力于推动代际支持和代际互换，将其作为一项长效政策来帮助女性调和家庭和工作之间的矛盾，提高儿童保育质量，形成强大的正外部性促使生育新政的落地实施，但如果这一政策不与其他配套政策一起执行，也不能实现政策制定者的目的。

第二节　理论基础

对隔代照料提供支持，实践探索固然重要，理论探讨也必不可少。理论是不断变化发展的，它紧跟社会经济文化的脚步，从实践探索中丰富壮大。理论也是具有前瞻性的，通过对实践的反复分析总结，准确提炼现实需求和未来走向，并引导实践健康发展。理论研究至少能在以下两个方面深化已有的实践及对未来发展产生导向作用：其一，尝试理解已有文献中对隔代照料的实证研究；其二，在社会学的重实践研究的基础上为隔代照料政策支持体系的理论构建提供可能。那么，儿童照料事务是如何在家庭内部进行角色分工、责任担负或者达成代际协同的？为什么政府要去干预支持属于家庭核心功能的隔代照料事务？由隔代照料衍生的照料性别分工失衡及相关问题在生育新政的背景下，如何与"全面二孩"政策落地实施和人口均衡发展产生联系？本节将对隔代照料涉及的一些重要理论进行论述，为后面的政策架构提供理论工具基础。

一、社会投资理论

隔代照料关系到儿童、老人、妇女三个作用对象，联系着个人、家庭、社会三个利益群体，与人口资源、人力资本、国家经济的可持续发展密切相关。社会投资理论是从国家角度来审视家庭及其照料责任的应用理论，突出强调政府在隔代照料中的责任，是隔代照料进入公共研究视角的理论基础。

随着社会的进步和社会福利制度的逐步完善，家庭对儿童和老年人的照料责任正在一点点地向社会转移。不同于起着兜底作用的其他社会保障政策，社会投资理论认为隔代照料支持政策是一种社会投资行为，它的作用在于帮助家庭成员更合理地分配他们用于工作和家庭的时间，为家庭成员更好地参与就业创造条件。根据这一理论视角，发展隔代照料政策支持，有利于提高劳动力市场参与率，对我国经济社会发展有正向作用。国外多年实践经验表明，隔代照料支持政策能增加女性收入，缓解家庭经济压力，为儿童参与社会化教育教学奠定物质基础，改善隔代家庭中儿童、老人的物质生活条件，提高育龄青年的生育意愿，从而为实现国家人口生态平衡奠定基础。同时，建构隔代照料政策支持体系的意义并不局限于家庭内部，在市场劳动参与率逐年降低和社会人口老龄化的背景下，隔代照料支持政策正在走向社会政策的研究中心，隔代照料支持政策不光具有发展家庭核心功能的作用，它与社会化大生产也紧密相关。增加对隔代照料的投入，不仅可以促进社会资源再分配，而且还能让许多拥有丰富学识的母亲参与劳动力市场，助力国家经济结构转型，缓解我国社会贫富差距。因此，在知识经济全球化的今天，尽管很多西方国家对社会福利政策的财政预算有限，但是政府对隔代照料的各种支持政策仍层出不穷。

需要说明的一点是，政府和社会支持隔代照料的发展，并不是说儿童照料不再是家庭的核心功能，而是说当家庭无法满足儿童照料的需求时，国家理应凭借其治理能力和财政收入来承担起儿童照料的职责。家庭依然是社会构成的基础细胞，是承担儿童照料责任特别是婴幼儿照料的重要部门，政府应明确家庭和国家在儿童照料责任上的边界，建构支持体系以增进家庭照料儿童的能力。

二、福利多元理论

隔代照料在人类历史的发展史上已有千百年历史，祖父母站在家庭发展的立场上为子女、孙子女提供照料服务是我国优秀的传统文化。但随着二胎家庭数量的增多，老年人照料儿童的压力逐渐增大，家庭儿童照料服务能力与实际需求相差甚远，促使国家开始关注并支持隔代照料，来弥补社会化公共托幼资源的不足。福利多元理论认为，隔代照料对于家庭、市场、国家的发展有不同的价值目标，因此，需要把隔代照料放在社会经济文化的背景下去评估。隔代照料的社会价值决定了它不能完全靠家庭内部力量完成，特别是在它的供需出现矛盾时，更应该得到市场和国家的支持。家庭、市场、国家应该在隔代照料中体现相互促进的互动关系。家庭是隔代照料最先产生，也是隔代照料任务最重的地方，但随着照料需求的增加，市场应为隔代照料提供多元选择，在照料需求与供给出现矛盾时，政府作为国家统治机构，应通过对社会政策制度的合理设计实现社会福利的再分配。

三、社会性别理论

照料是一个具有明显性别特征的实践，提供儿童照料服务通常被认为是女性的事，在隔代照料中，性格分化比较明显，需要我们用性别视角看待。社会性别（gender）理论发源于美国，最早将性别与社会性别作出划分的学者之一是英国学者安·奥克利（Ann Oakley），在《生理性别、社会性别与社会》（Sex, Gender and Society）中指出社会性别是社会构建的男性气质和女性气质。该理论认为，在很多事情上之所以会出现男女有别，并不是因为男女在基因、荷尔蒙或生理结构上存在差异，而是由于社会文化对男女的不同期待所造成的。就拿照料儿童这件事来说，女性承担的责任比男性多，并不是男性没有能力去照料，而是受到社会文化的影响，让公众习惯性地认为照料儿童就应该是女性的责任。社会性别理论为隔代照料支持政策的安排和变动提供了一个特殊的分析视角，它认为随着社会文化的改变，男女的性别分工也会随之发生变化。

一般来说，文化对人的影响是深远的，也是比较稳定的。但是随着经济社会、制度文化的发展，女性的知识结构水平和劳动参与率逐渐提高，社会公众必须重新认识儿童照料与男女分工。社会性别理论在儿童照料支持政策设计中的作用集中体现在政策建设的过程中，将社会性别意识纳入公共政策主流，通过政策的矫正作用促进男女平等、社会公正，从而避免妇女群体的利益和发展受到影响，特别警惕以促进家庭发展的名义让女性的利益和发展受损。国家在设计隔代照料支持政策时应该具备性别平等意识，不断完善与隔代照料密切相关的政策制度，并明确父亲在儿童照料上的责任，通过制定父亲陪产假等政策制度来促进父亲履行照料儿童的责任，尽量改变传统的儿童照料两性分工差异，为儿童照料提供更丰富的资源获取渠道，也为社会构建平等的两性分工格局奠定基础。

第三章　我国隔代照料的现状分析

祖父母为孙子女提供隔代照料服务从我国家庭产生之初就已存在。祖父母、父母、孙子女是我国传统家庭结构的核心要素。在传统社会，年轻子女是家庭的主要劳动力，负责整个家庭的经济供给。为了让子女有更多的时间参与生产，大多数祖父母会主动帮子女照料孙子女。隔代照料，是中华五千年文明历史长河中的自然现象。随着中国经济社会的变迁和生育制度的发展，加上西方福利思想的影响，隔代照料与以往有了很大的不同。老年人开始自由安排自己的晚年生活，不再把提供隔代照料服务作为老年生活的头等大事。然而，随着"全面二孩"政策的实施，二胎家庭越来越多，父母照料儿童的压力明显加大，是否有祖父母提供隔代照料服务成为家庭发展中炙手可热的"香馍馍"，更是一个家庭在生育决策、就业与否及物质资源配置中的"刚性约束"。表面上看，隔代照料只是家庭生活方式"顺势而为"的一种权宜选择，但其内在本质实为儿童照料模式的式微，涉及家庭发展、社会稳定、人口可持续的长远导向。那么，隔代照料是如何突破家庭视角领域逐步进入公共视野？本章的现状分析旨在回答三个问题，即在现代家庭儿童照料模式中，隔代照料是否仍然普遍存在？影响隔代照料供给的主要因素有哪些？隔代照料在实践中面临着什么样的现实困境或存在哪些痛点难点问题？除此之外，目前对于隔代照料的价值认知并没有统一的导向，还存在不同层面的认知争议，需要客观看待、辩证分析。

第一节　我国隔代照料的描述性统计

习近平总书记指出：调查研究是谋事之基、成事之道。我国向来注重人口发展的变化，坚持用实际数据来说明人口发展趋势。传统的人口普查、抽样调查、专项调查数据以及卫生健康、公安、民政、人力资源、社会保障等业务数据为人口研究提供了基础条件，是政府进行科学决策的重要支撑。

我国关于隔代照料的普及情况，由于统计范围和统计口径不同，分散于不同的统计项目中。首先，从全国范围来看，比较有代表性的公开调查数据库有由北京大学中国社会科学调查中心实施的中国家庭追踪调查（China Family Panel Studies，CFPS）和由北京大学国家与发展研究院主持的中国健康与养老追踪调查（China Health and Retirement Longitudinal Study，CHARLS）。在 CFPS 中，涉及隔代照料相关的在"代答部分-B 日常生活"中——白天由谁照顾、晚上由谁照顾？调查选项分别为：托儿所/幼儿园、孩子的爷爷/奶奶、孩子的外公/外婆、孩子的爸爸、孩子的妈妈、保姆、自己照顾自己、其他；"F 部分与子女及父母的关系"——过去 6 个月，您是否帮助子女料理家务或照看孩子？以及过去 6 个月，您有多少时间为子女料理家务或照看小孩？调查选项分别为：几乎每天、一周 3~4 天、一周 1~2 天、一月 2~3 天、一月一天、几个月一天。CHARLS 主要是为了研究老年人问题，在全国 150 多个地区收集了近一万个家庭、1.7 万不同年龄段老年人的个人信息、家庭结构、健康状况、经济收入、消费支出、医疗保险、社区服务等数据，并随着国家政策的变化，会定期对这些老人进行追踪调查，以期观察政策的变革对老人生活的影响。CHARLS 发布的《中国健康与养老报告》数据具有全国代表性，它能帮助政府制定出更好的政策方案以提升中国老年人口的生活状况，在关于隔代照料方面涉及 16 岁以下的孙子女的照料安排情况。除此之外，还有中国老龄协会研究中心，第四次中国城乡老年人生活状况抽样调查数据以及国家卫生健康委员会、中国家庭发展等众多项目对儿童隔代照料的现实情况有所涉及。

其次，从局部性的调查研究样本项目来看，2016 年国家卫生计划委员会对我国 10 座城市儿童照料状况调查以及对北京、沈阳、武汉等地的调研结果表明，隔代照料是学龄前儿童照料的主要模式，祖父母承担着 80% 的照料责任，形成儿童照料的 4/5 现象。学者赵蓓等人对天津市区 10 个城市社区 0~3 岁儿童家庭育儿现状、养育观念、育儿需求的调查发现，在有 0~3 岁儿童照料任务的家庭中，94% 的职场母亲得到过祖父母提供的隔代照料服务援助。

不同的调查项目其调查方法和问卷与测量设计、抽样设计、数据统计分析都会不同。基于样本的可信度、覆盖率和完整相关度，为了更为全面地说明问题，本节将采用混合的数据库资料对隔代照料进行描述，以期全方位、多维度了解我国隔代照料的普及程度和多样特征，为了保证论述的严谨性和规范性，每组数据都将追溯来源，增强公信力。

一、隔代照料的参与情况

关于隔代照料参与的情况统计，由国家卫生健康委员会组织的《中国家庭发展报告(2016)》公布的数据最为翔实和全面。中国家庭发展追踪调查项目针对未成年人照料的问题主要体现 0~5 岁年龄组。根据样本相关信息，0~5 岁儿童总数为 7157 人，转换为家庭样本共计 6166 个家庭。其中 65.5% 的儿童居住在农村，34.5% 居住在城镇，0~5 岁的各年龄层次人数分布较为均匀，男孩占 53.2%，且这些儿童绝大部分(96.8%)来自父母双全的家庭，3.2% 来自单亲家庭，有少量孩子(0.05%)为双亲去世。这些家庭中有 27.4% 的儿童是留守儿童，处于父母一方或双方不在身边的生活状态，城镇留守儿童的比例为 13.1%，农村留守儿童的比例为 36.4%。从参与照料有关的相关题项及其数据显示，由于婴儿时期需要母亲哺乳喂养，0 岁主要由母亲照料(67.1%)或父母共同照料(6.2%)，其次是由祖父母照料，其他人照料的情况较少。在 1~5 岁儿童中，有 44.7% 的儿童主要由其母亲照料，有 37.8% 的儿童由其祖辈照料，有 4.7% 的儿童由祖辈和父辈共同照料(见表 3-1)。

表 3-1　　　　　　　　不同家庭成员照料 0~5 岁儿童的情况

照料者	农村	城镇	全国
母亲	48.0	47.2	47.7
祖父母	40.2	33.4	37.8
祖父母和父母	11.5	18.1	13.8
其他	0.4	1.3	0.7

数据来源：《中国家庭发展报告(2016)》。

可见，祖父母分担了大量的婴幼儿照料责任，参与隔代照料的比重较高。总

体上看,有儿童照料需求的家庭呈现出以下特征:

(一)0~5岁儿童最主要的照料者是母亲,祖父母是重要的辅助照料者

在有0~5岁儿童的家庭中,母亲是孩子日常照料者的比例达到47.3%;其次是祖父母照料,占比37.6%;排在第三位的是夫妻双方共同照料占7.8%。由此可见,母亲是0~5岁儿童的主要照料者,但祖父母也在儿童照料方面扮演着不可或缺的角色,而父亲的角色则有所缺失,城镇家庭中父亲承担的儿童照料任务比农村家庭多一点,城镇家庭中由父母共同作为儿童最主要照顾者的比例比农村家庭高3.9个百分点。此外,城镇家庭外祖父母作为儿童主要照料者的比例比农村家庭也要高一些。隔代照料是留守儿童的主要照料模式。我国留守儿童的隔代照料率达54.7%,超过了母亲照料的比例。需要特别指出的是,对于父母均外出打工的留守家庭而言,隔代照料基本上已经取代了父母照料,由祖辈全权负责儿童照料的比例高达96.6%,其中祖父母的照料比例是85.6%,外祖父母的照料比例是11%。试想一下,在我国社会托幼资源供给不足的客观环境下,如果没有隔代照料的辅助,将会引起一系列的社会问题。整体来说,我国儿童的主要照料者是母亲,但对于留守儿童,特别是隔代家庭的留守儿童而言,他们的主要照料者是祖父母,祖父母是我国儿童照料体系中不可或缺的辅助照料者。

(二)母亲是0~5岁儿童最重要的陪伴者,父亲的陪伴时间较少

父母的陪伴对儿童的健康成长具有重要作用。城乡不同地区之间父母陪伴孩子的时间有很大差异。特别是留守家庭的孩子,得到的父母陪伴是最少的。根据近一个月的调查结果显示,总体来说,我国0~5岁儿童得到的父母陪伴并不是很多。父母平均每天花在陪伴孩子上的时间只有8.8小时,其中,母亲陪伴孩子的时间是5.8小时,而父亲只有短短3小时。城市家庭中无论是父母陪伴孩子的总时长,还是父亲单独陪伴孩子的时长都要高于农村家庭。农村家庭由于父母外出打工,或者把更多的精力放在获取经济收入上,父母每天陪伴孩子的平均时间不足5小时,父亲每天陪伴孩子的平均时间不到1个小时,这与城市地区的状况形成鲜明对比。

(三)母亲是否工作及工作状况对儿童照料有影响

由于家庭中最主要的儿童照料者是母亲,在此主要分析母亲的工作状况对儿童照料的影响。当母亲没有进入劳动力市场时,儿童最主要的照料者是母亲,占比81.7%;务农的母亲承担的儿童照料任务也较多,达到64.8%;当母亲进入劳动力市场后,其作为最主要照料者的占比下降至36.5%,而祖父母作为主要照料者的占比上升至34.5%。由此可见,当母亲处于未进入劳动力市场或在家务农等时间相对灵活的工作状态时,更倾向于自己来照料孩子,或者说,由于需要照顾孩子,母亲可能暂时退出了劳动力市场。而当母亲进入了劳动力市场后,其可自由支配用来照料儿童的时间可能相对较少,因而祖父母承担了大量照料儿童的责任。

(四)0~5岁儿童获取社会照料服务的程度较低,但需求明显

社会照料是指儿童所获得的来自家庭外部的照料服务,包括通过市场购买的市场化服务和通过社区或其他组织提供的公共服务。在此次调查中,有两个题项可以大体反映出0~5岁儿童获得社会照料的基本情况。一是家庭最主要照料者为保姆的比例相当低,总体只有0.2%。二是在孩子5岁前,家长和孩子参与的由社区、早教机构或其他机构组织活动的比例不高。具体来说,家庭在家长教育讲座以及唱歌/画画等兴趣班方面的参与度很低,约84%的家长及孩子从未参与过。较之前两种活动参与,家长与孩子一起游戏的活动参与度更高一些,比例为45.9%。在孩子5岁以后,家庭主要通过学校来实现对孩子的日间生活照料。有数据显示,我国儿童参加国家义务教育的人数已超过九成。

从另一个方面来说,我国0~5岁儿童参与社会化照料服务的比例较低,并不能说明我国家庭没有社会化儿童照料服务的需求。有数据显示,我国照料者对儿童智力开发社会化服务的需求高达44.8%,有26.2%的照料者反映目前家庭照料不能满足儿童疾病防护知识的需求,15.6%的照料者非常注重孩子的情感培养,希望能得到儿童情感开发与培养相关的专业辅导,还有9%的照料者希望得到儿童喂养知识方面的支持。城市家庭和农村家庭在儿童照料方面的侧重点存在差异,农村家庭的照料者更注重儿童喂养和健康防疫方面的知识供给,其次才是

情感需求、智力开发方面的支持。另外从社区提供的儿童照料方面的环境建设来看，社区主要能提供的支持包括户外活动场地建设、儿童疾病预防指导、儿童玩具屋场所、儿童喂养指导等，这与家庭儿童照料者期望的社会化儿童照料服务供给有明显差距。

二、隔代照料者的基本特征

(一)隔代照料者多为低龄老人

1982 年，在维也纳召开的老年问题世界大会把 60 岁作为老年人口的年龄起点，把老年人按其所处年龄段，分为 70 岁以下的低龄老人，70～79 岁的中龄老人和 80 岁以上的高龄老人。提供隔代照料服务的祖父母年龄大多集中在 50～70 岁。其中，农村地区隔代照料家庭祖辈平均年龄为 61.9 岁；城镇地区隔代照料家庭祖辈平均年龄为 60.5 岁。总体来讲，隔代照料家庭中祖辈年龄在 50～70 岁的比例为 66.6%（见表 3-2），这说明不论是农村地区还是城镇地区，提供隔代照料服务的老年人以低龄老人为主，呈低龄化的突出特征。一项来自意大利的调查研究也表明 60～64 岁的祖父母提供的隔代照料服务比其他年龄段老人提供的隔代照料服务多。

表 3-2　　　　　　　　我国城乡隔代照料者的年龄分布

照料者年龄段(岁)	农村	城镇	总计
<45	1.2	0.4	1.5
45～49	7.9	1.5	9.4
50～54	12.2	4.6	16.9
55～59	15.7	7.5	23.2
60～64	11.2	6.0	17.2
65～69	6.9	2.5	9.4
70～74	5.3	1.3	6.6

续表

照料者年龄段(岁)	农村	城镇	总计
75~79	5.4	1.1	6.6
≥80	7.8	1.5	6.2
总计	73.5	26.5	100.0

数据来源:《中国家庭发展报告(2016)》。

(二)祖母是隔代照料的主要照料者

受"男主外、女主内"的传统思想影响,家庭中的男性往往是家庭经济支柱,负责家庭经济支出方面的供给。家庭中的女性是男性参与市场劳动的坚强后盾,主要负责料理家务,养老抚幼。在隔代照料中,祖母是最主要的照料者,所以祖母是"随迁流动型"隔代照料模式中流动性最大的群体,而祖父大多留守在老家,因为祖父还要承担起守好"根据地"的务农重任。即使是祖父母共同留守在老家照料孙子女,也大多数是祖母负责提供隔代照料服务,祖父负责生产劳动获取经济报酬。由于性别分工不同,祖母提供的隔代照料服务更多,承担的隔代照料任务更重。表3-3系根据2010年第三期中国妇女社会地位调查老年人专卷数据统计结果也论证了上述结论。在城镇中,祖母负责全部孙子女照料任务的比例是祖父负责全部孙子女照料任务比例的近八倍。很少或从不提供隔代照料任务的祖母与很少或从不提供隔代照料服务的祖父也相差近十个百分点。单从表中我们可以看到的是农村地区祖母负责全部孙子女照料任务的比例与祖父负责全部孙子女照料任务比例相差不是很大,但还应该考虑到很多农村地区的祖母因为隔代照料而流动到了城市,留在农村的祖父数量比留在农村的祖母的数量也要多得多。女性往往被视为"亲属照料者"在关怀照料孙子女方面付出更多的这种性别角色是长期社会化的结果,由于女性自身身体状况相对男性来讲较为羸弱,女性在创收和经济保障方面的能力也相对较弱,致使老年女性本身就是需要更多照料关怀的主体却要付出照料服务,加剧了老年女性的"照料鸿沟",在一定程度上老年女性的健康问题和贫困问题更为突出。

表 3-3	70 岁以下老人提供隔代照料服务的情况			（单位:%）		
	城镇			农村		
	平均	男	女	平均	男	女
从不	15.5	15.5	15.5	15.9	18.0	13.1
很少	29.8	34.3	24.8	30.7	40.5	17.6
约一半	30.2	38.6	20.8	29.5	29.6	29.4
绝大部分	15.5	9.2	22.6	17.3	8.2	29.4
全部	9.0	2.4	16.4	6.6	3.7	10.4
合计	100.0	100.0	100.0	100.0	100.0	100.0
样本数(N)	477	251	226	515	294	221
F 检验	78.38***			64.71***		

数据来源：根据 2010 年第三期中国妇女社会地位调查老年人专卷数据制作。***$p \leq$ 0.001，**$p \leq 0.01$。

（三）隔代照料者的文化程度整体偏低

在隔代照料家庭中，城镇地区祖辈受教育程度总体高于农村地区祖辈的受教育程度。城镇地区祖辈的受教育程度相对较高，接受过大学本科及以上教育的照料者比例为 10.9%，接受过高中教育的照料者的比例为 19.3%，接受过初中教育的照料者比例为 34.4%，接受过小学教育的照料者比例为 26.7%。而农村地区祖辈的文化程度主要集中在未上过学(39.6%)和小学(44.8%)，高中及以上学历的照料者比例较低，只有 2.8%。[①] 照料者文化程度的高低在一定程度上影响了照料质量的高低。

三、隔代照料的城乡状况存在差异

对隔代照料进行城乡区分的视角考察，一方面是客观原因所致，由于观念认知、经济水平、管理体制、社会治理和公共资源之间的差异，城市家庭

① 数据来源：《中国家庭发展报告(2016)》。

和农村家庭提供隔代照料服务的机制动因会有差异，且呈现的特征也各不相同；另一方面，由于城乡父母（特别是母亲）参与劳动力市场的方式和程度情况不同，这也能从另一个层面对比农村地区和城市地区的祖父母提供的隔代照料服务的差异性，从而提醒政策制定者在制定隔代照料支持政策时应注意城乡差异。

（一）城市隔代照料的特点

因为城市的房价、交通、教育、医疗、娱乐等公共资源比农村丰富，城镇人口为了体验更高质量的生活，承担的经济压力也比农村人口稍大。所以，很多城镇家庭是双职工家庭，家庭儿童照料的需求也比较迫切。正如前文提到的那样，很多祖父母为了帮子女平衡工作和家庭，流动到子女居住的城市，为孙子女提供隔代照料服务。城市的隔代照料受到社会经济客观环境的影响，呈现出以下特点：

一是候鸟式照料比例高。所谓候鸟式照料，就是祖父母会随着儿童发展的需求不同，而影响他们是否提供隔代照料服务。根据儿童不同年龄阶段的发展特点，需要不一样的照料服务。儿童在0~1岁婴儿时期，主要的照料者是母亲。这个年龄段的婴儿完全没有自理能力，连最基本的咀嚼功能都尚未完全发育，他们的营养供给主要依靠母乳。所以对于0~1岁的婴儿来说，母亲是不可替代的照料者，他们对隔代照料的需求并不是特别明显。但是随着儿童年龄的增长，母亲生育假期结束，为了维持家庭的经济供给，很多母亲不得不返回就业市场。这时候隔代照料就显得更为重要了。

二是居住模式呈多元发展。城市中提供隔代照料的老人，有些是从农村流入的，有些是从其他城市流入的，有些老人与子女本来就住在同一个城市。有些老人受到经济条件的限制，暂时没办法在城市购置单独的住房，所以选择与子女、孙子女共同居住。有些具备一定经济能力的老人为了能加强与子女的沟通，会选择在子女的居住地就近购置住房，一方面提供隔代照料服务，另一方面也保留了自己的生活空间。居住方式的不一样在一定程度上影响了老人能提供什么样的隔代照料服务。与子女、孙子女同住的老人多提供的是全天型服务，即只要有照料的需求，老人就会挺身而出。与子女、孙子女不同住的老人多半提供的不是全天型服务。即他们只是在子女工作的时候为孙子女提供照料服务,当子女闲暇的时候,老人多半会回到自己的住处,获得喘息的时间。

(二)农村隔代照料的特点

在以土地依附为基础的传统农村家庭,父亲是三代同堂家庭的主要劳动力,母亲会辅助父亲从事农耕活动,同时还要负责照料儿童。祖父母主要负责家务和辅助子女照料孩子。但是,在经历从计划经济向市场经济转型、农业化社会向工业化社会的转变后,随着城镇化的步伐加速,稳定的农村家庭结构与事务分工也发生了深刻的变化,很多青年夫妇为了获取更多的经济报酬,他们或双双或一方加入城市劳动建设,请祖辈帮忙照料儿童。农村的隔代照料呈现出有别于城市隔代照料的特点:

一是"母亲+祖辈"组合型照料形式较为普遍。在我国农村地区,受传统婚嫁习俗、社会性别分工的影响,妇女承担着家庭大部分养老抚幼的任务(刘岚等,2010)。一方面,受到国家产业结构的调整和外出打工大浪潮的影响,很多农村家庭单靠农业生产已经不能满足家庭的经济需求。很多父亲选择到城市务工,获取更多的经济报酬。而母亲受到家庭责任分工的影响,选择留在农村,继续务农以获得家庭必需的生活物资供给,同时与祖母一起承担照料儿童的责任。另一方面,尽管农村女性在外实现务工,但因为生产和养育的需要,大多数女性会在产前或产后不久返回农村照料儿童,与祖母共同承担儿童照料的任务,形成"母亲+祖辈"的照料格局。

二是祖辈独自照料型的家庭居多,留守儿童的问题较为突出。农村劳动力的就业水平和就业质量较低,大多数为非正规就业,用工形式不稳定、劳动保障不充足、工作场所条件不允许、工作性质(两班倒、三班倒、白班、晚班以及周末无休等工作时间不规范)和工作强度都不太适宜兼顾儿童照料,且为了在节约经济成本开支,在没有时间和精力照顾孩子的前提下而选择由老家的父母代为照料。因此,祖辈留守照料在农村很常见,老年人留守家中从事农业生产并照顾孙辈,在留守家庭中,隔代照料是留守儿童的主要照料形式,尤其对于双亲均在外务工的留守家庭,由祖辈照料的比例高达96.6%。虽然将孩子留在家中由老人照看是最经济的做法,可由于父母角色缺位,留守儿童在成长过程中形成的问题及留守老人在子女照料缺位下面临的养老困境都是不容忽视的现实问题。

三是农村隔代照料者工作强度偏大。虽然现在很多家庭只有一个孩子，但在孩子的父亲那一辈，受到当时生育政策的影响，大部分农村家庭养育了两个或两个以上的孩子。父辈为了经济收入需要外出打工，只能把孩子留给祖父母，请他们帮忙照料。这就造成了在农村一对祖父母要同时照料好几个儿童的局面，有调查显示，我国农村地区祖父母平均照料的儿童数为 2~3 个。加上有些祖父母还会兼顾一些农耕活动，他们承担的隔代照料压力非常大。

第二节　我国隔代照料的影响因素

隔代照料是由内生性的需求驱动所致，而需求又受到一系列因素的驱动，主要包括家庭成员结构和经济状况的限制（Douglas and Ferguson，2003）。在隔代照料现象十分普遍的当下，以调查数据作为结论的佐证，挖掘隔代照料的影响因素，有条理、分层次地对隔代照料的影响因素进行梳理，阐明中国隔代照料的特殊性，有助于发现其内在存在的关联机制。

一、家庭基本情况对隔代照料的影响

家庭作为人类社会中一种渗透着情感和文化的基本制度，是养老抚幼的基础单元，是家庭照料的力量源泉。关于家庭照料，是指在家庭内部向有需要的家庭成员提供照料支持的行为，具体涉及针对未成年人提供的日常生活照料和针对生活不能自理(由意外、疾病或年老引致)成员提供的照料支持。显然，代际"正向"传递的隔代照料支持是家庭照料的重要来源，但隔代照料的供给或需求都受一定的家庭因素的影响。

（一）家庭成员结构

儿童所在家庭的完整程度影响着隔代照料的需求。根据《中国家庭发展报告（2016）》公布的数据，在农村地区父母双全的家庭中，隔代照料的儿童有39.2%，而在单亲家庭或父母双亡的家庭中，隔代照料的儿童达78.0%。在城镇

地区父母双全的家庭中，隔代照料的儿童占 44.8%，单亲家庭或父母双亡家庭中隔代照料的儿童有 69.2%。以上数据说明儿童照料方式与家庭成员结构显著相关，生活在父母一方或双方缺失家庭中的儿童更可能需要祖辈参与照料，这在客观上说明父母因不可抗因素(如死亡、犯罪、疾病)需要祖辈承担起儿童照料重任，也凸显离异家庭、单亲家庭、特殊困难家庭中儿童福利保障不足的问题。在此，本书呼吁针对家庭形态和家庭问题多样化、复杂化的现实，社会应更加注重家庭力量的凝聚。

(二) 家庭经济收入

首先，经济水平是影响家庭是否选择隔代照料的主要因素。在父母无法亲自照料儿童的情况下，收入水平较低的家庭往往倾向于交由祖辈照料儿童。以农村地区为例，年轻夫妇在外打工无法照顾儿童，而且城市消费成本较高，经济负担比较重，大多数进城务工的流动人口无法负担起子女在城市的高昂费用，无法把儿童接到自己身边照料，这是农村家庭选择"原地留守"隔代照料的重要原因。其次，经济压力自评不同的父母在子女照料方式的选择上存在差异。子女照料方式与父辈经济压力自评的交互分析在城乡地区均为显著相关，这说明经济压力自评不同的父母在子女照料方式的选择上有显著差异，城乡地区父辈经济自评压力越小的家庭，越少采用隔代照料的方式。现阶段，大量"80后""90后"父母是二孩生育的主力军，但由于自身的经济和工作压力，无法全权负担子女的照料责任，从而将部分照料责任托付给祖辈。

(三) 家庭成员居住方式

居住方式与家庭成员的幸福感有正向相关的影响，地理位置必然会影响祖父母为孙子孙女提供隔代照料服务。家庭居住方式是影响隔代照料服务供给最直接的关联因素。祖父母是否与子女、孙子女同住，与祖父母是否提供隔代照料服务显著相关，由祖父母、成年子女和孙子女三代人组成的稳定共居式家庭是最为紧密的利益共同体，这种居住方式的家庭往往在生育抚幼、老年养老、经济困难、突发疾病时展现出强大的家庭凝聚力和抗风险能力，是较强的代际融合指向。然而，随着住房市场化改革的深化、城镇化进程加快，不管在城市和农村，稳定共居的形式受到冲击，隔代照料的便捷路径在某种程度上被切断，需要社会政策在改善居住环境方面做政策引导。

二、照料者的个人特征对隔代照料的影响

祖辈是否提供和能提供哪些隔代照料服务与祖辈的个人特征密切相关。一方面，客观的年龄和身体健康状况是最重要的现实基础。一般来说，低龄老人和身体健康状况较好的祖辈，会更积极也能提供质量更高的隔代照料服务，而健康状况不佳的祖辈只能提供一些力所能及的照料和帮助，但这并不是一种理想的育儿辅助方式。另一方面，祖辈的个人意愿也是影响隔代照料的主观因素之一。这种主观意识受多种其他因素的复合影响，如年轻的祖父母提供的隔代照料服务的倾向可能会相对少一些，因为他们仍处于就业市场中，如果因为隔代照料而影响参与就业，他们会面临机会成本的减少；另外，祖父母个人生活方式的选择和态度也会显著地影响隔代照料供给，因为受到自由主义福利思想的影响，有些祖父母认为照料孩子是父母的责任，祖父母可以为子女提供帮助，但并不能因为需要提供隔代照料服务，就必须牺牲自己追求幸福生活的的权利。

除了最为基本的且已经论述过的年龄、性别、意愿和健康状况等为人所知的个人特征与隔代照料供给关联性较高以外，有研究方发现没有伴侣的祖父母提供隔代照料的倾向较低，即隔代照料者的婚姻状况也有一定的影响力。然而，诸多个人特征中，经济状况所起的影响机制更为复杂，影响力是正向抑或是负向不太明晰。探究隔代照料者的"经济情况"，为政策制定要重视隔代照料者经济刺激抑或保障提供基础。

首先，有收入的祖父母辈提供隔代照料的倾向较低，且收入越高，意愿更低，更倾向于对子女辈提供经济方面的支持，由子女辈亲自照料孙子女或者通过市场化的方式获取高质量的照料。

其次，祖父母辈的就业状态也与隔代照料供给有较强的替代关系。一方面，随着亲代对子代的投资日益加重，教育支出、买房置业支出以及结婚生子费用支出等，使很多祖辈需要持续就业来增加收入，从而减少隔代照料供给。另一方面，退而不休也是祖辈基于个人选择或财务约束下，提升自身经济安全的一种选择。

最后，子女是否对祖辈提供经济支持也会影响隔代照料。接受经济支持的祖父母更有可能花时间和精力照顾孙子女，而很少或者没有接受过子女经济支持的祖父母则较少提供隔代照料服务，且在自己老年生活规划中更倾向于自我储备或社会养老的方式，而较少向子女发出"养老邀约"。现实状况也是如此：向成年子女提供隔代照料支持的老年人获得子女经济支持的可能性更大比没有向成年子女提供隔代照料支持的老年人获得子女经济支持的概率多 8.9%，获得子女经济支持的数量多 20.6%。[①]

三、家庭资源分配对隔代照料的影响

在探讨隔代照料时，我们经常忽略这样一个问题，即隔代照料的资源是有限的，而不是无限的。一方面，隔代照料资源是非可再生资源。随着隔代照料者的年岁增长，其精力和健康状况不可能停留在原来水平，而是向着逐渐减弱且不可逆的趋势发展，这也是很多祖辈在谈到孙子女照料的问题上经常感叹："第一个孙子女还可以应付，第二个那真是有心无力了"；另一方面，隔代照料具有排他性。如果祖父母只是照料一个孩子，祖父母可能感觉还行；但随着二胎家庭增多，如果祖父母需要同时照料两个孩子或更多孩子，不仅在精力上跟不上，照料效果也会大打折扣。所以祖父母能提供的隔代照料服务是有限的，即一个孙子女获得隔代照料服务，也就意味着暂时挤占了另外一个孙子女获取照料服务的可能性。因此，隔代照料在大家庭关系中是有分配约束的。

(一)多代际家庭之间的照料分配

随着人均寿命和健康的延长，四世同堂的现象屡见不鲜，这当然是所有家庭的美好愿景。那么，在曾祖辈、祖辈、子辈、孙辈四代构成的多代际大家中祖辈作为"照料者"的角色，需考量时间、精力、金钱等在"老"和"少"之间的分配，也将面临照顾父母和孙子女的双重照料压力，且这种模式还将长期存在，低龄老年人陷入"两头沉"的困境。根据 CHARLS 2013 年数据对中国 45 岁及以上中老年

---

① 薄赢. 代际支持对老年人医疗消费的影响及其健康效应研究[D]. 上海：华东师范大学，2017.

人的照料负担进行分析，CHARLS 问卷中 CF 部分对受访者向孙子女和父母提供照料的情况分别进行询问，在 17819 个受访者样本中，有 85.2% 的中老年人表示有年迈父母或 16 岁以下孙子女照料任务，有 28.4% 的中老年人表示同时有年迈父母和 16 岁以下孙子女照料任务，有 39.2% 的中老年人表示有 16 岁以下孙子女照料任务，有 17.6% 的中老年人表示仅有年迈父母的照料责任，如图 3-1 所示。

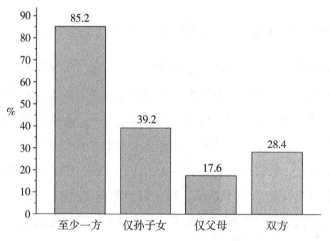

图 3-1 有年迈父母和 16 岁以下孙子女的比例

数据来源：《中国健康与养老追踪调查报告 2013》。

进一步的动态预测显示，非农业户口受访者的父母和孙子女均健在比例在 55~59 岁达到最大，最高比例为 30%；而农业户口受访者在 50~54 岁健在父母和孙子女比例达到最大，最高比例为 50%。具体来看低龄中老年人的照料情况，有 37.9% 的人参与到父母或孙子女至少一方的照料中，其中仅照料孙子女的比例高达 27.4%，仅照料父母的受访者有 6.0%，父母和孙子女均照料的比例有 2.7%，如图 3-2 所示。虽然"双重"照料的窘境还不是很明显，且"对 16 岁以下的孙子女进行照料"也超出了本书对"隔代照料"的研究界限，但这足以表明，隔代照料在代际之间存在挤压现象，需重视家庭照料不足和低龄中老年人照料压力过大的问题。

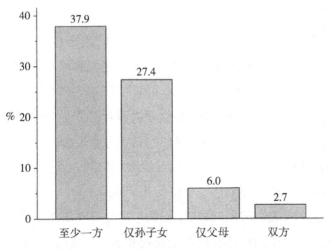

图 3-2　提供父母和孙子女照料的比例

数据来源：《中国健康与养老追踪调查报告 2013》。

(二) 多子女家庭之间的照料分配

除了多重代际之间的挤压，照料这一具体形态的服务行为在时间和空间上于子辈兄弟姐妹之间也具有明显的排他性。根据一项来自意大利的研究表明，孙辈总数越多，祖父母照顾孙辈的可能性就越低，这意味着孙辈人数多的祖父母可能会很难选择为谁提供隔代照料服务。因为在兄弟姐妹之间，隔代照料服务这项资源是共享的，由于家庭环境的约束，这个资源在成年子女中还存在一定的竞争性。那么，祖父母是会选择为更有可能从他们身上得到回报子女分担儿童照料压力，还是会对生活条件相对较差的子女提供隔代照料援助呢？

根据代际关系理论，祖父母可能会选择隔代照料需求更迫切的子女，或者是经济条件较差而且没有其他照料方式可以选择的子女，为他们的家庭提供隔代照料服务。而且利他主义理论也认为，祖父母会向社会经济条件稍差的子女提供隔代照料的支持服务。因此，隔代照料是一种家庭扶持的"非正式"的方式和安排，其"扶弱"的倾向会大大改善整个大家庭(多兄弟姐妹构成的三代家庭)的福利状况，使其边际效用最大化。

（三）儿子与女儿之间的照料分配

随着家庭相处模式的变化，隔代照料"姥姥热"现象越来越明显，即老人给女儿提供的儿童照料支持越来越多。亲缘选择理论能很好地解释隔代照料"姥姥热"现象。亲缘选择理论认为祖父母会站在生物进化的视角认识隔代照料，不管为女儿还是儿子提供儿童照料支持，都会有助于大家庭成员的繁衍。加上城市中有些祖父母只养育了女儿，没有养育儿子，站在为女儿减轻儿童照料压力的立场上，"姥姥"们会帮助女儿照料儿童。而且相比"婆婆"，女儿更容易与"姥姥"沟通交流，所以如果条件允许的话，更多女儿会倾向于向"姥姥"请求提供隔代照料服务的支持。一项来自英国"城市工作的年轻父母利用非正式托儿服务"的研究项目也表明：提供辅助性托幼照料最受欢迎的是姥姥（满意度占比70%），这是奶奶提供辅助性托幼照料数的两倍（满意度占比34%）。

尽管如此，受我国传统宗族文化的影响，如果女儿的家庭和儿子的家庭同时需要隔代照料服务，很多祖辈特别是农村地区的祖辈还是会优先选择为儿子的家庭提供隔代照料服务。因为受儒家孝道思想影响的老年人认为延续香火是父系家族的使命之一，家庭代际支持应首先对父系血脉提供支持（Yang，1996）。也就是说，在父系家庭体系这一社会文化范畴中，隔代照料资源大多会倾斜分配给儿子的家庭。因为女儿长大了会嫁人，祖父母通常与儿子共同居住，儿子承担着传宗接代、延续香火的重任，与老人同住的儿子被认为比女儿会承担更多的赡养责任，而且儿子的子女会传承家族的姓氏，被认为是"自家人"。尽管中国的经济已经得到飞速发展，但中国的家庭文化仍然受到传统思想的影响，在隔代照料的资源分配中，孙子女比外孙子女会得到更多的隔代照料服务。

第三节　我国隔代照料面临的现实困境

本节将在影响因素分析的基础上，进一步剖析我国隔代照料在实践层面上所面临的现实困境，可以更清楚地看到我国隔代照料的现状和制约因素，以期为制定支持政策奠定翔实的分析和论证基础，回应现实问题，对症下药，将隔代照料的优势发挥到最大，而将其负面影响降低到最小。

一、照料者或将存在福利损失

年长的祖辈是提供隔代照料服务的直接主体。在多向互动的隔代照料过程中，老年照料者很可能面临照料事务繁重压力大、年龄增长精力不足、心理慰藉缺乏、社会交往不畅等社会支持不足的问题，且因隔代照料而跨区域流动的老年照料者还将面临进入城市照顾孙辈时的背井离乡、社保衔接不好、社会融入困难等福利损失问题。

（一）隔代照料对健康存在负面影响

尽管祖辈参与隔代照料对其身体健康存在正面或负面影响的结论性定论并没有达成统一共识。但不可否认的是，祖父母在参与隔代照料的过程中确实存在对健康带来的负面影响这一事实，且照料劳动强度越大、频率越高，带来的负面影响更甚，持续性更久。

1. 隔代照料提供的内容烦琐且无聊

祖辈提供的隔代照料服务通常包括日常家务活动、儿童生活起居、儿童健康护理、儿童陪伴游戏这种烦琐的家务劳动，服务的范围较广，而且具有重复性。就拿为儿童提供餐食服务这件事来说，一天中祖父母需要为儿童准备早中晚三餐，每餐的菜式、搭配还要尽量不同。儿童每天都要吃饭，祖父母每天都需要为儿童准备餐食，单从这一项服务来说，就是一件非常耗费精力的差事。而且日复一日的重复性工作可能会降低祖父母提供这项服务的热情，减少祖父母在照料过程中获得的自我认同感。长期长时间的重复性工作加上老年人身体机能的下降，容易造成腰肌劳损或颈椎病这类生理性疼痛，并对他们的心理健康产生不良影响。

2. 隔代照料可能让祖辈忽视了自己的医疗需求

很多提供隔代照料服务的老年人为了更好地照料孙子女，把大部分的时间和精力花在了孙子女身上，而忽视了自己身体或心理的不适，认为这只是小问题，有时候却会带来严重的后果。

中国健康与退休的纵向研究项目（CHARLS）（2011—2012），按照 2017 年 ACC/AHA 指南实施的要求，筛选出了所有年龄在 45～75 岁患有高血压的成年人。在中国，45~75岁的人群中有2.67亿人被诊断为高血压，占该年龄段人口的55%。根据前面对隔代照料供给老年人大多集中在50~70岁这一年龄段，高血压的诊断比例最为集中，高血压这一慢性病可以进行常规的药物治疗但也有些重度患者需要住院观察的强化治疗，这在很大程度上被人们所忽视。基于目前的治疗模式，中国未经治疗的高血压患者有1.298亿人。

主观上的不够重视再加上需要为孙子女提供持续的照料服务，老年人很可能会产生"健康错觉"，认为自己能做很多力所能及的事情，还很"硬朗"，从而忽视了对自身健康问题的关注。另外，基于代际支持的传承，参与孙子女照料的老人家很大程度上会为整个家庭着想，在面临是自己消费还是给下一代消费时而倾向选择给予下一代，因而也会可能会抑制当下的医疗需求，总认为会"过阵子就好了""过阵子再去医院"。

(二) 隔代照料有"挤出养老"效应

"挤出养老"效应指的是对老年人在退出劳动领域之后的养老方式选择、老年生活规划、自由的闲暇时间及热衷的兴趣爱好等方面产生的束缚和挤压。老年人参与隔代照料到底会对其养老产生"挤进"还是"挤出"效应，是仁者见仁、智者见智的一个问题，因为每个老年人的个体特征不一，其家庭情况也不尽相同，很难做出统一的判定。

一方面，老年人在工作岗位或田间劳动付出自己的青春年岁，在步入退休的老年阶段以后，有很大的倾向去选择自己所喜欢的生活方式，如继续"返岗"发挥余热、轻松自在的老年生活、积极参加各种社团活动抑或潇洒地"环球旅行"等，尽情绘画老年夕阳红的美景。因此，提供隔代照料服务会在一定程度上影响和改变老年人的养老规划，在时间和空间上对养老安排有一定的限制。

另一方面，我国目前养老服务还处在逐步完善的发展阶段，老年人的生活保障还不是那么面面俱到，特别是农村经济困难的老年群体。也就是说自己的老年生活都未必能得到保障，再加上还要承担隔代照料的责任，祖父母不仅会面临身体健康问题，还可能会遭遇因隔代照料而附加的经济压力，这会在一定程度上对老年人的养老权益带来负面影响。

(三)隔代照料会带来心理和情感上的困扰

隔代照料是老年人跨区域流动的一个重要原因。因隔代照料而从农村向城镇流动，将会引起老年夫妻分居以及城市社区融入等问题。

首先，在城镇务工的年轻夫妻倾向采取"双双就业"模式尽可能的创收，因而把儿童照料的任务交给自己的父母。为了享受城市完善的公共服务资源，也为了能使孩子陪在自己身边，多数双就业的年轻父母会把祖父母接到务工的城市来照料儿童。基于节约生活开支或者城市居住条件的限制，往往是隔代照料的主要供给者祖母独自进城帮助子女分担照料儿童的责任，而祖父留在农村继续务农。如此，祖父母因隔代照料而分居两地的情形客观存在，且在农村地区更为突出。由隔代照料而带来的老年人心理慰藉缺失、老年夫妻隔阂矛盾产生、老年夫妻之间无法互相照料这一系列问题值得社会关注。

其次，老年人离开原来熟悉的社交环境，在城市社区的陌生环境可能会面临融入障碍。很多老年人因为照料孙子女来到一个陌生的环境，由于语言不通和风俗习惯、生活方式的不同，会在不同程度阻碍老年人融入新环境。加上老年人每天的生活轨迹较单一，每天的生活内容也比较单调，他们自己的生活安排完全是围绕孙子女的时间安排而改变的。有些老人甚至因为太关注孙子女的需求，忽视了自己的正常沟通和交流需求。如果长期下去，会让老人产生孤独感，不利于老人的心理健康。

最后，"科学育儿观"会给老年人带来心理负担。虽说每位祖父母都有照料儿童的经验，但随着现代家庭观念的变迁，祖父母的育儿观与子女的育儿观已经有了很大不同。祖父母照料儿童的重点仍然停留在穿衣吃饭这些基本温饱问题上，而子女则更希望儿童能得到语言表达、智力发展等方面的引导。但由于祖父母缺乏那些方面的知识储备，加上平时缺乏与子女的有效沟通，在隔代照料过程中，祖父母会去猜测子女的心理。长期在这种环境里提供隔代照料服务容易让祖父母产生挫败感，加重祖父母的心理负担。

二、隔代照料的质量有待提高

隔代照料的直接作用对象是儿童，儿童决定着国家的未来，随着素质教育理念的深入、培养方式的多元化、竞争抢先意识的加强，隔代照料不仅需要给孙子女提供细致周到的生活照料，还对启蒙教育、个性塑造等方面内容提出了更高的要求。意大利幼儿教育家玛利亚·蒙台梭利说过："0~3岁关系到个人一生的发展，对人的一生都会产生深远影响。"①3岁以前，个人就基本完成了维持他生命健康发展的主要功能的发育，他能感知外部世界，会有自己的想法，会准确表达自己的情绪。人在3岁内习得的能力，将作用于他未来生活的每一天。隔代照料发生频率最高的时期也涵盖了这个重要时期，如此，隔代照料的质量成为一个新的关注点，既是对隔代照料的现实鞭策，也是对隔代照料提出预期改善。

（一）隔代照料难以承担儿童教育重任

婴幼儿的照料有其特殊性，其中日常生活的照管是最基本、占比最大的内容，然而，婴幼儿相比成年人没有自主的学习能力，需要在人生初级阶段的吃喝玩乐中增进对社会的认知，因此"教育"也是照料行为所包含的应有内容。

在实践中，我们发现隔代照料主要为儿童提供日常生活服务，而对儿童知识技能的教育引导相对较少，祖辈对孙辈的照料与教育效能存在"不匹配"的困境。这一方面确实是祖辈自身的知识结构有限、更新创新能力较弱，不易于接受新事物而无法胜任这一职责；另一方面也与养育观念有关，认为小孩子吃饱喝足、健健康康的成长是照料的首要目的，而在教育方面有所忽视，祖辈承担照料责任并不能承担教育责任。

隔代照料"养有余而教不足"形式，将更多的精力和关注放在幼儿的陪护与日常照料中，而在幼儿早期教育方面较为缺失，且老年人依旧运用传统的教养方法，缺乏科学的育儿理念。随着儿童照料上更加科学化、精细化，隔代照料的责任也随之越来越重，这不仅考验隔代照料者的能力素质，也在另一个侧面说明隔代照料不能作为一项"消极"应付的方式来承接儿童的照料事务，而是一项应该"积极"作为且也可以有"更大发挥作用空间"的儿童照料方式。

（二）因照料分歧易产生代际冲突

尽管隔代照料是基于代际团结、代际利好而存在的，但不可否认，由照料产

---

① 佘宇. 早期服务：提高人口素质的突破口[J]. 绿叶，2016(12).

生的"分歧"是代际产生冲突而失衡的首要原因，也是目前普遍存在于"隔代照料家庭"中的现实问题，更是进一步推进隔代照料的主要阻力。

分歧主要来自代际之间的认知偏差。祖辈照料儿童的理念与父辈照料儿童的理念各有侧重。祖辈倾向于对孙辈生理需求的满足，部分老年人思想观念陈旧，认为只要让儿童吃饱穿暖就可以了；而父母除了满足儿童的生理需求外，还比较注重儿童智力开发、语言表达等综合素质的提高。父母在批评教育孩子时，祖父母容易偏袒溺爱孩子，让家庭教育无法顺利开展。在育儿这件事情上祖辈和父辈容易产生冲突，不利于隔代照料的可持续发展。

照料儿童是一项多维度取向、多主体参与的活动，隔代照料为满足儿童的生理发展需求提供了更多资源供给，但这对于儿童的综合能力发展是远远不够的，我们应尽可能的吸引多元主体参与到儿童照料中来，形成祖父母、父母、兄弟姐妹、指导老师、同学、玩伴共同参与、友好互动，多维度提高育儿质量。

三、隔代照料缺乏社会支持

隔代照料活动大多属于家庭内部的"自循环"模式，由家庭本身来满足和维系隔代照料所需要的经济支持、物质保障以及情感慰藉等。但是，随着社会参与程度的不断深化，社会治理方式的创新以及人际交往互动关系的革新，原属于家庭视域的隔代照料也跳出了家庭的局限，与社会产生多样的交互联系，且从社会视域（包括政府）得到服务支持是助力隔代照料持续健康发展的必不可少的重要内容。然而，目前我国社会公共服务对隔代照料的关注和支持力度比较甚微。

（一）健康卫生服务不足

老年人在参与隔代照料的具体劳动过程中，首当其冲的是由照料强度和照料频度所引致的老年人身体健康方面的冲击。随着老年群体"不可逆"的老化趋势，身体机能或多或少都存在着"病症"隐患且呈逐渐弱化加剧的发展趋势。因此，健康卫生指导是隔代照料所需的重要服务支持，能有效的预防老年人群在照料行为中的健康损失，预防治愈疾病，恢复照料者的身体机能，同时也能提高儿童照料质量，避免由疾病风险引致的连锁效应，而使年轻家庭进入"老小失据"的窘迫境地。目前，我国基层健康卫生服务水平还有待提高，虽然建立起了全民覆盖的医疗保险体系以及"纵到底、横到边"的立体公共卫生体系，但在老年疾病预防及康复方面还存在着很多不足的地方，基层医疗卫生条件差、优势医疗机构资源紧张、老年人慢性疾病支出负担大等是现实的严峻问题。除此之外，因隔代照料之需而引起的老年人口流动也是不容忽视的社会治理问题，在城镇化进程逐步加快，城乡融合不断深入的背景下，随迁"入城"的一代老年照料者本身经济基础积累较差，未富先老，还要在城市体系中面临异地就医、异地养老等严峻问题，患病概率增加的同时又就医困难，不利于老年人力资本的"维护"。

（二）社区支持服务不足

社区是家庭和社会之间最有效的连接点，承担着把社会服务送进家庭的具体责任，同样也承担着把家庭需求有效收集反馈到社会服务政策的制定主体层面，继而实现双向互动的良性发展。因而，社区是家庭的栖息地，也是政策的落实地，在隔代照料中应当发挥更大的保障和引导功能。随着社会治理的创新，社区的辐射服务功能日趋强大，涉及民生事务的方方面面，取得不错的治理成效。然而，受囿于社区服务资金、场地及人员等限制，便捷的社区服务在隔代照料支持方面所起到的作用还不是很明显，老年隔代照料者、照料对象儿童抑或是年轻的父母主体能从社区获得的支持及缓解儿童照料压力、提高育儿质量、调剂育儿生活的服务支持较少。如，独自进行隔代照料的老年人很可能有强烈的"缓解照料"支持的诉求，期望社区这一就在身边的福利主体能提供"喘息"式的舒缓服务；随迁的照料老人很有可能面临社区融入的困境，需要对社区环境进行了解并成功的实现社会融入；老年人群体毕竟有自己所处年龄段的追求和乐趣，其生活也不是一天到晚只围着孙子女转，社区还应提供丰富多彩的老年集体活动的服务，在承担照料重任时也能享受自己的精彩晚年生活，同时还能减少抑郁及其他心理疾病的风险。

（三）住房保障服务不足

在隔代照料的影响因素中，居住形式起很大程度的影响效力，代际同居与参与隔代照料的几率显著提高（与成年子女性别的差异无关），且地理位置必然会影响祖父母为孙子女提供隔代照料服务的内容和程度。毋庸置疑，一个三世同堂的代际家庭(即多代或三代家庭,包括祖父母、成年子女和孙子女)是一种稳定的共居形式,同在一个屋檐下的代际互动关系更为紧密,提供隔代照料服务也更为便利,这是隔代照料供给的现实基础。不管是在农村,还是在城市,如果存在空间上的地理差异,且不能通过一定方式合理解决的话,势必会影响隔代照料的供给。如此,住房保障服务就显得非常必须且重要。在农村地区,秉着相近宅基地的分配和建设,临近距离的住房保障问题没有那么明显,而城市的住房保障问题表现得更加紧迫。改革开放以来,我国经济、社会各领域发生了巨大的变化,城市住房实行商品化改革,年轻夫妇要在城市里打拼购房需要付出很多努力,有时甚至是一个大家庭的所有积蓄。买房的压力加剧了年轻夫妻的财务负担,在节省各项经济开支的同时还得考虑请父母来照料年幼的孩子。但事实上,随着随迁老人的到来,即使在城市有住房的家庭也将面临人均居住面积不足、代际矛盾激化的问题;这对于本来就生活拮据的年轻夫妻更是"雪上加霜",要么换大一点的房子,要么只能忍受较差的居住环境,这也是很多农村进城照料的老年人大多数只是老年女性,而把老年男性留在农村,这不仅有经济约束的成分也有居住条件不允许的考量。如此,要提供隔代照料的祖父母很大程度上是自愿帮助其子女而选择同住的形式,对住房环境和居住条件等住房方面有政策及服务支持的需求。

第四节　隔代照料的价值贡献

从当前的实际来看,隔代照料并非人人拍案叫好、一边倒的儿童照料方式,其中蕴藏的价值与争议一直没有停歇。从个人层面来讲,老年人是否提供照料服务面临自愿或被迫的道德束缚;从家庭层面来讲,有祖辈提供隔代照料服务的家庭可能会实现"养老抚幼"的双向良性循环,而没有条件提供隔代照料的家庭很可能面临"老小失据"的双重压力,继而加剧家庭间的失衡分化;从国家层面来讲,随着社会现代化进程的发展,有照料需求的家庭不得已采用代际融合的方式作为"抚幼"的补充支援,是否意味着社会化的公共育儿服务短缺?且因隔代照料而产生的居住方式、人口流动的变化,对社会治理来说也是重大挑战,公共服务需求发生变化,相应的要求政府政策供给也要随之实现转变;从社会层面来讲，隔代照料是有利于代际团结还是会产生代际压迫或分裂，还需要更多的研究和证据来进行深层次的分析探讨。因此，隔代照料本身就不是简单的家庭私人领域事件，而是一项复杂的、多维的、需要辩证看待的社会事务。隔代照料议题没有一种"放任四海皆适用"的价值归属和统一的分析路径，故本书在强化生育新政的背景下，有限定性的、科学合理的在不同层面和主体之间的分歧与争议中力争凝聚我国隔代照料的价值贡献，继而为后续隔代照料与生育的关联性分析奠定正当性基础。

一、个人层面：老年人积极地发挥余热

从个人角度来说，隔代照料背后的动因出于"利他主义原则"。祖父母无偿向孙子女提供照料服务，在提供服务的过程中祖父母也会收获满足感和愉悦感，获得"情感支持"。其次，价值寄托理论也认为，老年人在退休(退出劳动力市场或者不再是家庭的主要经济支柱)以后积极为子女提供帮助是一种继续体验和证明自身价值、减少退休(退居二线)带来的失落感的方式，老年人继续以"照料供给"的方式发挥余热，是自我实现和寻求价值寄托的需求。① 然而，另一方面的事实也可能是：隔代照料的意愿处于压力之下。从"积极参与""难以拒绝"到"不得不提供隔代照料服务"的决策过程中并不存在清晰的意识边界，有道德绑架嫌疑，有些老年人继续供养后辈，帮助子女照料儿童并非出于自己的真实意愿选择。按照老年人提供隔代照料的意愿，可以将隔代照料分为主动型和被动型(见表3-4)。老年人不愿意提供隔代照料服务的原因有很多，一是在隔代照料过程中老年人确实会面临福利损失。最常见的就是因为隔代照料迁徙到另外一个城市，给老年人享受医疗服务带来不便。加上语言环境、生活习惯的突然改变让老年人短时间难以融入新的社会环境。二是部分祖父母倾向于把时间花在自己的养老生活安排上，不愿意因照料孙子女而影响了自己的兴趣发展。三是部分祖父母存在身体或家庭状况隐忧，对照料孙子女是有心无力、爱莫能助②。虽然部分老年人不愿意照料孙子女，但受传统家本位伦理观念影响，也囿于现实条件约束，受不

---

① 张新梅. 家庭养老研究的理论背景和假设推导[J]. 人口学刊, 1999(1).
② 黄梅. 中国老年人隔代照料意愿探讨[J]. 现代经济信息, 2019(2).

住子女的"哀求"而"就范"。

表 3-4 隔代照料的意愿分类

意愿类型		意愿特征
主动照料	奉献型	深受传统文化价值观影响,有强烈的家庭观和生育观
	代际交换型	主动承担照料孙子女的工作,以期将来获得子女更多的养老协助
	老有所为型	希望在退休后进一步实现人生价值
	混合型	为了发挥家庭整体利益最大效应,这类祖父母大多会主动提供隔代照料服务
被动照料	追求自我型	相对于提供隔代照料服务,这类祖父母更倾向于发展自我兴趣爱好
	不能胜任型	祖父母因身体或其他不可抗因素,不能提供隔代照料服务
	勉为其难型	子女多次请求,并向祖父母支付照料报酬

资料来源:作者自制。

"啃老"一词颇为客观形象地描绘了子代过分依赖父代,甚至回避自己的养育责任,把照料儿童的任务"转嫁"到自己父母身上的现象。这一现象是社会行为规范所谴责的,也是现代化社会治理范式中不推崇的。一时间,"发挥余热"和"被啃老"的争论,成为隔代照料价值判断的第一个有待攻破的堡垒。这也是长期以来,隔代照料作为个人选择的一项事务,是"自由""自我"的私人决策,并没有进入社会公共的研究视域。诚然,"啃老"的社会现象确实有之,包括司空见惯的"六个钱包"消费模式、结婚嫁娶时的买车买房现象等,祖辈已经为子辈付出了巨大的心血。

然而,回归到隔代照料行为中关于"主动"和"被动"的争议落脚点,从供给者(祖辈)和受益者(子辈)两方面来分析,积极参与隔代照料的"主动"成分显然大于"被动",且随着社会经济的发展,文明进程的演化,子辈"啃老"的社会空间和条件逐渐消解。隔代照料将越来越成为加强家庭成员之间凝聚力、亲和力的主动选择。

二、家庭层面：资源约束下的最优决策

从家庭角度来说，可以用代际交换（Intergenerational Exchange）理论来解释隔代照料。代际交换理论认为祖父母向成年子女提供儿童照料支持，一方面是考虑到与成年子女相比，祖父母的经济收入能力低于成年子女的经济收入能力，两代人同时进入劳动力市场，成年子女更可能创造更大的经济效益，这样对提升整个家庭的经济能力有促进作用。另一方面，他们在支持子女照料儿童的同时，也希望将来得到子女提供的赡养服务。因此，隔代照料是家庭成员内部相对独立个体之间的现实最优决策。

但从另一个角度来分析，隔代照料的出现不能仅仅考虑经济方面的约束，还要综合情感、安全、舒适、习惯等方面的因素。我们不应该忽视由隔代照料给家庭生活带来的不便，如老年群体的流动、老年夫妻分居、生活成本的增大、居住条件的降低、安全隐患的增加等。如果不重视这些由隔代照料衍生出的负面影响，就会使看起来美好的"家庭支持"最优决策布局变为现实中的无奈之举，会让隔代照料演变成其他很多"家庭问题"的根源。如，很多从农村流入城市就业市场的父母，通过自己的努力有了一定的经济积累后，他们希望能在城市安家，把老人和孩子从农村接到城市去生活。但受到城乡户籍制度的约束，很多农村户口的劳动者没有在城市买房的资格，或者即便他们买了房，由于孩子户籍的限制，孩子不能在城市享受到公共教育资源。制度的约束让很多儿童变为留守儿童，也让隔代家庭的孩子不得不接受隔代照料。

三、国家层面：积极推动"用老""乐养"的理念

面对我国人口生育率长期低于世界人口交替水平、老年人自然平均寿命延长的现实境况，我国人口已经呈现出老龄化的发展态势。社会人口结构的自然调整是社会经济结构不断变化的结果，本没有是非对错之分，但老年人口比重的上升就意味着市场劳动参与率的下降，这的确增加了家庭和社会的养老抚幼的经济压力，甚至有极端主义者认为老年人是当代社会的"包袱"。

"积极老龄化"是依据我国老年人口基数大、低龄老人比重高的客观实际出发，以提升老年人的生活质量、发挥老年人的人生价值而提出来的一种养老理

念。鼓励老年人参与社会分工和劳动，特别是在人人都能贡献自己一份力量的家庭领域，不管是从时间安排还是空间便利性来讲，都是最方便、最有效的发挥作用的空间。在家庭领域把隔代照料与老年养老无缝链接起来，老年人为子女提供儿童照料支持，不仅让老年人轻松丢掉"包袱"，而且在社会化儿童照料资源稀缺的现实情况下，对于不方便提供隔代照料的家庭来说，老年人提供的隔代照料更是一种求而不得的珍贵资源，是青年子女获得便捷、安全、经济的儿童照料服务的不二选择。这是从国家的战略高度，从人力资源高度整合开发利用的导向出发，倡导的隔代照料的"奉献浪潮"。然而，有钻研社会治理和政府管理的专家学者以及社会公众发出这样的质疑：隔代照料是否是国家消极弥补公共照料不足的权宜之计？

在社会托幼供给服务短时间内难以改变的现实下，很多父母一方面要照料儿童，另一方面又不得不参与劳动力市场获取家庭经济收入，这让很多父母无法平衡儿童照料与参与就业之间的矛盾，让很多儿童身处得不到充分照料的尴尬境地。在这种特殊的历史背景下，世界上很多地区的老人在默默地付出时间和精力来帮助子女缓解儿童照料的压力。假设政府仍然认为照料儿童属于家庭内部分工范畴，而没有采取积极的支持措施来鼓励隔代照料的持续发展，那么在隔代照料难以为继时，政府将要为儿童照料增加一大笔经济支出。国家支持隔代照料，并不是在消极地弥补公共照料资源的不足，相反，国家是站在提高社会公共福利的角度，以一种积极的态度来解决儿童照料供给的不足，充分发挥积极养老的理念，调动老年人力资源的价值，夯实儿童照料供给的基础，从而推动社会公共托幼体系的发展。

四、社会层面：增强代际团结的正向引导

从社会角度来说，老年祖辈愿意承担照料孙子女的责任可能出于社会期待，即认为照料孙子女是天职，是家庭责任主义的"责任内化"的表现。期待"反哺式"代际关系链条能这样自然而然地传递下去，与子代形成良性互动。仅用社会文化理论来解释隔代照料的价值未免失之偏颇，因为不同的社会文化理论来看待隔代照料，得出的结论也是截然不同的。比如："责任"意识要求家庭成员把家庭看作一个整体，个体之间应该互帮互助，每个家庭成员都有为彼此分担责任的

义务,以求实现家庭利益最大化。依照这种理论,当子女需要儿童照料帮助时,祖父母应该义不容辞地挺身而出。而"独立"意识要求每个家庭成员在成年后就应该拥有独立的生活能力,能独自完成个体的社会分工任务,不给别人添麻烦。依照这种理论,即便子女有隔代照料的需求,也应该在自己的能力范围内想办法解决,而不应该寻求祖父母帮助。这就提醒我们,任何事物,我们都应该辩证地看待,找到事物的平衡点,以发挥它的最大效能。

隔代照料影响着家庭居住模式的变化。以往三代分开居住的家庭会因为隔代照料把祖辈、子辈、孙子辈重新聚集在一起,加强了代际的沟通与联系,有利于代际亲密关系的养成。但是,由于育儿观念的不同,加上现代家庭文化的发展,祖辈在家庭中的权威性已远远不及传统家庭,因此,祖辈和子辈不同的育儿观容易擦出火花。特别是"严母慈祖"的格局,因祖辈话语权的减弱,使婆媳关系在隔代照料中成了难以攻克的"世界难题"。除此之外,还有的家庭由于对隔代照料过分依赖,也会引起代际关系的冲突。比如有些子女把祖辈有没有提供隔代照料服务,当作是否赡养老年人的前提条件,导致代际关系的恶化,成为子代推脱赡养责任的借口。

既然如此,隔代照料到底是促进了代际团结还是引发了代际矛盾呢?根据社会文化理论,本书认为,任何事放在不同的历史条件下,都会产生不同的社会效应,对于隔代照料对社会的影响,我们更应该一分为二地辩证看待。首先,我们应该承认隔代照料的社会价值,它确实对缓解当前家庭面临的儿童供给不足起了积极的促进作用,它是社会公共托幼服务的有效补充,对社会公共体系的完善也有督促作用。同时,它在现实生活中,也带来一系列负面影响。如何合理规避这些负面影响,引导隔代照料正向价值的发挥,正是本研究的出发点和价值所在。

第四章　隔代照料与生育的关联性分析

人们通常认为隔代照料只是涉及祖辈群体个人养老安排、年轻母亲"家庭—工作"平衡、家庭内部责任分工、代际关系融合等问题。但置身于生育新政背景下，考察隔代照料与生育意愿之间的关联机制，从而促进"全面二孩"政策落地实施，突破了"隔代照料"的家庭领域私人话题的范畴，进入国家人口调节、儿童照料安排和老年人福利建设方面的宏观大政。基于这样的逻辑起点，分析隔代照料与生育行为之间的内在机制和关联程度，站位国家的战略高度来关注隔代照料，将有利于充分发挥其正外部性效能，既是平衡工作家庭的重要法宝，又是提高育儿质量的有效路径，还是改善老年福利的重要议题，更是促进我国生育新政落地实施的"中国式土方子"。

本章节的研究焦点在于分析祖辈的隔代照料是否以及如何影响生育方面的人口统计学行为。当然，这不是简单直接的"因果关系"，而是受众多因素影响的"相关关系"，其机制是复杂的，关联的程度迥异和效力的发挥与一定的客观环境相关，即使在同样的客观环境下，由于个体的行为差异，也会呈现出不一样的结果。因此，本研究自编《湖南省女职工两孩生育意愿调查问卷》，通过随机抽样选取分别在民营企业、国有企业、自主创业、事业单位就业的女性样本，以网络问卷发放的形式，对湖南省内女职工的就业状况、家庭事务分工情况、育儿支出情况、对生育新政的了解程度进行了实际调研。本次调研共发放问卷500份，针对问卷填写的完整性和真实性，最终筛选出有效问卷440份，问卷回收率为88%。将结果录入到SPSS22.0专业软件进行统计分析，提取其中涉及"隔代照料"的相关问题作为隔代照料影响因素的关联和佐证分析，当P<0.05时，差异有统计学意义。

第一节　隔代照料与儿童照料安排

隔代照料不仅为儿童照料安排提供了一个"选项"，还将对烦琐细致的儿童照料分工产生深远影响，继而促进儿童照料方式的合理完善，持续对生育意愿产生强力的正向激励。儿童照料往往是复杂的"拼图"，涉及父母照料、隔代照料、社会托幼与市场机制的私人育儿照料服务，如图4-1所示。总的来说，儿童照料是在家庭系统内部和社会系统外部的两大空间中合理分配实施。本小节将围绕隔代照料如何在家庭内部分解照料压力及隔代照料与公共托幼、市场化托幼之间的关系展开论述。虽然代际转移理论认为祖辈为孙辈提供隔代照料服务的原因各不相同，但在现实条件的约束下，隔代照料确实在事实层面弥补了家庭照料和社会化托幼资源的不足，无论是对满足儿童的照料需求、缓解子女工作和家庭的冲突还是老年人的养老生活安排，都发挥了不同程度的积极作用。

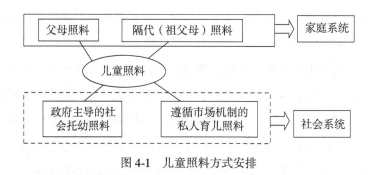

图 4-1　儿童照料方式安排

资料来源：作者自制。

一、隔代照料分担家庭照料的压力

在中华人民共和国成立初期，国家为了调动生产者的积极性，大力发展经济建设，在社会主义大家庭观的历史背景下组织建立了大批集体性质的托幼机构，国家的社会托幼体系发展迅速。随着改革开放的不断深化，国家经济体制的变革，集体性质的社会托幼体系逐步瓦解，儿童照料任务重新回到家庭。受中国传统文化的影响，加上主流育儿观念里对母职不可替代性的强调，凸显了女性作为照料者的社会角色，母亲成为天然的儿童照料者。一方面要承担较多的儿童照料责任，另一方面还要兼顾工作事务，女性在家庭中承受的压力比较大。如果能在家务琐事和孩子的个人护理上得到帮助，将在很大程度上减轻女性的照料压力。一般来说，母亲分担儿童照料压力的途径主要有两种，一种是通过市场化方式购买照料服务，比如请保姆，或者把儿童送到托幼机构，购买专门的儿童照料服务；另一种就是通过祖父母提供的隔代照料服务来减轻母亲的儿童照料压力。受到家庭经济条件的约束和近几年在市场化托幼机构中频繁出现的"伤童""虐童"不良事件的影响，绝大多数家庭在可选择的情况下，会选择隔代照料来分担家庭儿童照料的压力。

二、隔代照料弥补社会化托幼的不足

隔代照料与社会化托幼并非相互替代的关系，而是相辅相成、相得益彰。即使社会化托幼体系已经非常发达，但它还是离不开隔代照料的辅助，两者在各自的系统中发挥不同的作用。而社会化的托幼服务也会减轻隔代照料的压力和强度，促进隔代照料健康可持续发展。有调查显示，在有隔代照料服务供给的家庭中，33.8%的家庭仍然表示有社会化托幼需求。因此，隔代照料是当前缓解儿童照料需求的最有效机制。即使我国目前具备建设社会化托幼体系的物资储备和人力资源，但打造一个覆盖面广、服务优秀的社会化托幼体系需要较长时日，而儿童的照料需求却是一天都不能等的。在过渡阶段，将具有即时可得性和安全可靠性的隔代照料纳入托幼服务体系，既可尽快填补社会服务的不足，亦能有效满足民众的照料意愿和需求，是当下缓解儿童照料供需矛盾的不二选择。当前，我国社会化托幼体系面临着以下发展困境：

（一）公立托幼机构供给能力不足

第一，我国社会托幼机构的数量较少。2016年我国共有23.98万所幼儿园，其中公办幼儿园8.56万所，占幼儿园总数的35.7%，也就是说，我国社会托幼机构的数量只占社会托幼总数的1/3。第二，0~3岁以下婴幼儿享受的社会托幼服务非常少。我国社会托幼体系对劳动力市场中有0~3岁儿童照料任务的家庭育儿支持十分匮乏，3 岁以下儿童入托率仅有 4.1%，[①] 80% 的 0～3 岁的儿童照料任务是祖辈参与完成的。第三，城市公立育儿机构资源比农村更紧张。2018 年，我国城市和农村的公立育儿机构占社会总育儿机构的比例为 24.6% 和 42%，即城市的社会托幼资源比农村更紧张，这也解释了为什么城市经常会出现"入园难、入园贵"。第四，国家对学前教育投资有限。因为我国学前教育尚未纳入义务教育范畴，地方政府没有专门的学前教育拨款来支持学前教育的建设和发展。第五，社会托幼机构的服务时间与父母上下班时间不协调。目前，我国大部分公立托幼机构的放学时间为下午四点，这远远早于父母的下班时间。这样一来，即使孩子上了幼儿园，如果没有祖父母的帮助，父母也无法在兼顾工作的同时，照料好孩子。

(二) 市场化托幼机构质量不高

很多有祖父母参与儿童照料的家庭依然希望能享受到社会托幼机构的服务，但很少有祖父母参与儿童照料的家庭会选择市场化托幼机构来分担家庭照料的压力。正如第三章现状分析中陈述的那样，有儿童照料需求的家庭购买的市场化托幼服务数量较少、比重较低。

我国市场化的育儿机构是经济体制改革的浪潮下出现的教育新生物，它的快速发展离不开政府的大力支持。从数量上看，市场化的育儿机构已成为我国社会化托幼系统的主力军，在一定程度上弥补了我国学前教育公共投入不足的问题。据教育部发布的《中国教育统计年鉴》显示，我国市场化育儿机构已从 2011 年的 11.54 万所提高到 2016 年的 15.42 万所，短短五年增长了近一半，说明我国儿童照料需求十分迫切。但是从办学条件和保教质量来看，大部分市场化育儿机构的软硬件设施较差，表现在办学条件差，生均所占空间较小，教育设施较简陋，设备较陈旧，照料人员与幼儿比率、从业人员资格与培训、稳定性等方面亟须改进，同时还有大量的不具备教育部规定的学前教育办学资质的托幼机构存在。当然也有一些办学环境较好、师资力量齐备的高端市场化托幼机构，但因这些托幼机构的运行成本较高，他们的收费也比较贵，从而使大多数普通家庭望而却步。

---

① 国家卫生计生委家庭司. 三岁以下婴幼儿托育服务需求调查[R]. 2016.

加上近年来引起社会广泛关注的携程亲子园虐童事件、北京红蓝黄幼儿园虐童事件等负面新闻被曝光，虽然是个别事件，但背后反映的市场化托幼机构存在的深层次问题不能忽视，市场化托幼机构的公众信任度有待提高。

我国学前教育政策的改革使3岁以下儿童托幼机构的发展较为滞后和薄弱，对于有0~3岁儿童照料任务的家庭，在选择学前照料方式时，63.3%的人会选择祖父母照看的隔代照料方式。因此，从儿童照料方式的长远机制安排，随着儿童照料服务越来越可及、价格实惠、可接受，年轻的生育主体切实感知到能从烦琐冗长的照料事务中得到分担的可能性，有利于进一步激发生育意愿。

第二节 隔代照料与"家庭—工作"平衡

随着人工智能时代的来临，我国的产业结构开始从劳动密集型向技术密集型过渡，劳动力市场不再以"体力"的强弱来衡量人力资本，而对高新科技人才的需求越来越大。这样一来，有利于消除劳动力市场对性别差异的歧视，女性拥有了更宽松的就业选择空间和更广阔的就业发展空间，更多女性将从家庭领域走向劳动力市场。但与此同时，儿童照料就成了限制女性参与劳动力市场的另一个因素。特别是对于"双职工"家庭，怎样合理分配夫妻间的儿童照料任务，成了很多家庭面临的又一困难。虽然女性按照国家生育休假制度，有享受产假的权利也有暂别劳动力市场专心育儿的选择。但是产假结束后就要回到工作岗位，暂别劳动力市场的女性也会随着儿童照料需求的减弱而重返工作岗位。毕竟，随着城市化进程加快，工资性收入是维持家庭支出的主要来源。因此，平衡好"工作—家庭"已经成为一种普遍的社会需求，随着二孩数量的预期增加，这种需求将会进一步增长。

一、隔代照料的弹性化特征符合职场需求

随着就业环境的逐步完善，越来越多的女性进入劳动力市场，参与社会化劳动，获得相应的经济报酬。是否经济独立已经成为新时代女性确立她社会身份的重要标志。但是，作为家庭结构的重要一分子，女性还有一个身份，就是母亲。母亲意味着必须承担大部分生儿育女的责任。这让很多职场女性常常陷入"工

作—家庭"难以平衡的困境，也影响了职场母亲生育二孩的意愿。

在"您认为生育孩子对女性的职业发展是否会产生不利的影响"的回答中，59.2%的职业女性明确认为会有不利影响，"不好说"的观望态度占28.3%，也很有可能转化一部分比例到"有不利影响"的阵容中（如表4-1所示）。如此，生育对职业女性的影响是切实可见、可感的。在"全面二孩"政策出台后，会对女性产生哪些影响？54.2%的女性认为将进一步加剧工作与家庭的冲突，56.4%认为还可能加剧女性的就业难度，而在"赋予了女性更大的生育选择权利"这一选项中，只有36.4%的比例，说明生育新政背景下，隔代照料方式的切入要真正为女性生育主体实现工作与家庭平衡而助力发功，如表4-2所示。

表4-1　　　　　生育孩子对女性的职业发展是否会产生不利的影响

	频次	百分比
会	255	59.2
不 会	54	12.5
不好说	122	28.3
合 计	431	100.0

表4-2　　　　　"全面两孩政策"的出台对女性会产生的影响【多选】

	频次	个案百分比
赋予了女性更大的生育选择权利	151	36.4
进一步加剧工作与家庭冲突	225	54.2
可能加剧女性的就业难度	234	56.4
其他（请说明）	6	1.4
总计	616($N=415$)	148.4

隔代照料助力平衡"工作—家庭"的重要意义在于其具有"高弹性"的表现特征，能随时满足母亲面临职场突发事件时儿童的照料需求。虽然弹性工作时间、兼职和轮班工作制在一定程度上可以缓解女性职场的双重压力和不可兼顾性，但隔代照料可以应对更多的突发状况和个性化需求。隔代照料的儿童照料形式通常

在持续时间和计划安排方面比正式儿童照料服务更具有弹性，受到职场母亲的大力认同。

二、隔代照料的安全性能赢得家人安心

信任和爱会给父母(特别是母亲)带来高水平的幸福感，父母对育儿方式选择的考虑或者说偏爱所看重的最重要方面也许是来自爱(Folbre and Weisskopf, 1998)。这与在托儿所工作的"外人"或"陌生人"的形象形成了鲜明对比，"当你去工作的时候，你不知道发生了什么，你的女儿是否得到了特别的关注，而我知道她和家人在一起时，她得到了特别的关注。"这是一位年轻的妈妈在接受全国妇联组织的关于"构建0~3岁儿童社会托幼服务"调查项目中如是说道。

当然，受到市场经济的影响，儿童照料市场也存在各式各样的市场化服务来满足家庭育儿需求，例如：雇佣家政小时工、月嫂、育儿嫂入户提供儿童照料服务，也可以把儿童送到市场化的托幼机构。但是，有研究发现，这些市场化的育儿服务不仅价格高昂，其安全性和信任度也不足以让母亲专心投入工作之中。母亲在购买市场化儿童照料服务时容易产生"怎么舍得让这么小的孩子离开家人?"的愧疚之感，从某种意义上来说，这能反映家庭成员在选择儿童照料方式时，安全性是他们考虑的首要因素。市场化照料服务与隔代照料有一个本质上的区别，那就是隔代照料的照料者比市场化照料的照料者多了一个身份——亲人。从亲缘关系的角度来考虑，隔代照料者比市场化儿童照料者更会倾注精力去呵护儿童健康，隔代照料更能让父母安心地投入工作。有学者认为，祖父母能否提供隔代照料与儿童的福祉息息相关。国外也有研究表明，年轻父母认为隔代照料最大的好处就是能够完全放心地将儿童交给祖父母照料，并由此营造良好的家庭氛围(Meltzer, 1994)。

第三节 隔代照料与儿童养育成本

儿童养育成本是影响生育意愿的因素之一，也是儿童照料方式选择的重要影响因素之一。隔代照料活动不仅能从减轻照料压力、平衡工作与家庭的矛盾这些方面来间接提高生育意愿，还体现在一定程度上节约家庭育儿的经济支出并具有

劳动收入的"累进"效应来增强父母的劳动参与和就业收入，从而使生育意愿转化为具体的生育结果，促进生育新政落地实施。

一、隔代照料是成本节约型的照料模式

有照料需求的家庭对孩子照料服务既可以从家庭内部得到满足，也可以在市场化托幼体系中购买服务。照料服务是具体的劳动，劳动一般就会有一定的价值附属，通过市场获得的照料服务相当于"照料外包"，需要支出"外包价格"才能完成交易。现阶段，我国"普惠型"的公共托幼体系建设滞后，儿童照料供需比例失衡，这让很多有照料需求的家庭试图寻求市场化的照料服务供给，然而市场私营照料服务，包括个性化的保姆、育儿嫂照料和私人育儿机构照料等方式的服务质量良莠不齐、服务价格居高不下，还没有形成一个较为规范的健康产业生态环境。同时，照料儿童的具体服务在实践过程中面临着非常大的压力困境，比如婴幼儿的安全问题、健康问题，在孩童越来越"金贵"的当下，市场化儿童照料机构是一点儿"疏忽"都不能有的，一旦发生意外伤害或安全健康卫生事故而国家又缺乏相应的法律法规约束与指导，对于其所在机构或者行业来说是一个"毁灭性"的打击，突发性不可控风险成本巨大。如此，市场私营的照料服务机构会在人员配备、环境建设、安全评估、实时监控等前期抑或全过程中加大投资成本投入，这必定会影响到后继的服务定价水平，因而现阶段的"卖方"市场上的托幼照料服务不可能是廉价和普惠的，而是高昂又有竞争性的。这对于普通双职工就业家庭或者进城务工的育龄青年而言是一笔不小的开支，甚至能冲抵或超过年轻夫妻至少一人的就业收入，而这个被冲击的角色经常是"母亲"，这也是有些年轻母亲选择中断就业，选择当全职妈妈的深层原因。根据本次女职工就业收入状况的调查数据显示，月平均工资收入在2001~4000元区间的占比是68.8%，是为绝大多数的女性收入水平，收入在10000元以上的女性只占比0.5%，还有1.6%的女性收入在2000元以下(见表4-3)。而根据《中国家政市场就业及消费报告》的统计数据显示，月嫂的平均薪酬为9795元/月[1]，经济束缚对育儿照料方

---

[1] 中国家政市场就业及消费报告(2019)[R/OL]. https://www.sohu.com/a/343057949_649045.

式选择的影响可想而知。

表 4-3 平均月工资收入

平均月工资收入	频次	百分比
2000 元以下	7	1.6
2001~4000 元	300	68.8
4001~6000 元	118	27.1
6001~8000 元	9	2.1
10000 元以上	2	0.5
合计	436	100.0

基于整体家庭经济水平和经济支出的硬性约束，转而向祖父母寻求照料帮助成为很多并不是很宽裕家庭的切实选择，祖父母供给的照料服务既直接减轻年轻夫妇的照料负担，给儿童提供全身心和全方位的关爱呵护，又可省去高昂的托育费用开支，子女的经济赡养能力得到改善，一举多得。

首先，我国目前有较为丰富的老年资源，老年人口红利存续期间较长。人口基数大、老龄化进程快、未富先老是我国现阶段老年人口的主要特征，目前我国的人口年龄结构整体属于成熟型，以 30~49 岁人口为主，人口增长的速度逐渐放缓，2010 年老年人抚养比为 19.02%①。根据 Leslie 人口模型的测算，人口总量在 2025—2028 年达到峰值后，按照目前的生育率水平，人口增长进入负增长阶段，总量开始降低，年龄结构朝着年老型转变，于 2040 年前后"倒三角"的老年人口结构初见规模，老年人抚养比在 2045 年接近 0.7，老龄化的程度加深。2050—2060 年，人口总量加速萎缩，人口预期寿命延长，人口年龄结构呈现倒三角形，65~74 岁老年人口的比例急剧上升，老年人抚养比在 0.9 左右。同样的，高龄老人在老年人口中的比例也在迅速上升：2010 年，60~79 岁的老年人口众多，80 岁以上的老年人口比例较小。到了 2030 年，60~79 岁的老年人口逐渐减少，80 岁以上

---

① 老年人口抚养比采用《中国统计年鉴》的统计方法，劳动年龄人口指 15~59 岁人口，老年人口指 60 岁及以上人口。

的老年人口迅速增多，老年人口的高龄化趋势明显(如图4-2所示)。

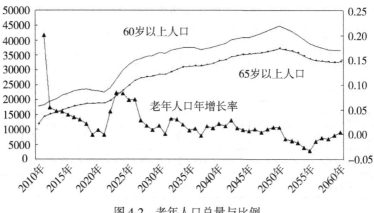

图4-2　老年人口总量与比例

　　随着老龄化程度日益深化，习近平总书记强调：着力发挥老年人的积极作用，要把他们充分地"用起来"，而不仅仅是"养起来"，要通过多种形式的"参与"，让老年人在社会和家庭中都能积极地发挥作用。老年人在退休前后，会有较强的失落感和无力感，而参与孙辈照料为其提供了一个自我价值实现的途径，激发生活热情和生命活力，增添生活乐趣，增强成就感和获得感，提升精神健康水平，维持自身的尊严和权利，在实现家庭价值和社会价值的同时，推动积极、健康的老龄化。

　　其次，隔代照料具有非对称的报酬属性。对于祖父母来说，给他们的子女提供照料服务，多源于一种爱的奖励，这样的礼物似乎通常是赠送的，几乎没有证据表明互补性照顾者是根据严谨的经济标准做出决定的。这种再分配可能涉及经济学家所说的祖父母的"机会成本"。例如，我们发现，祖父母放弃自己的有偿工作，让他们照顾孙辈(没有报酬)，这反过来又让他们的女儿(有时是儿媳)在劳动力市场上赚钱。因此，代际的"有偿"和"无偿"工作之间可能存在非常复杂的交叉转移模式。当祖父母承担起照顾孩子的责任时，他们还可能承担额外的费用(旅行、郊游、食物等)，而这些费用父母可能会报销，也可能不会报销。从调查收集反馈得来的数据来看，在养育孩子费用来源方面，由婆家资助和娘家资助占到了23.4%的比例(如表4-4所示)，说明尽管家庭结构越来越核心化，但在照料孙辈这一考量上，一定程度促进了家庭结构的再度整合，增强了代际的粘合力。

表4-4　　　　　　　　　　　养育孩子费用来源(多选)

费用来源	频次	个案百分比
夫妻共同工资	270	97.5
生育津贴	3	1.1
婆家资助	30	10.8
娘家资助	35	12.6
借款	4	1.4
其他	7	2.5
总计	349(N=277)	126.0

二、隔代照料具有"经济累进"效应

"累进"一词大多使用在利息和税收计算等经济学方面，而扩大化的"经济累进"指的是一种集聚效应，也就是"滚雪球"式的经济刺激增长和变大，具体应用到与隔代照料的相关性分析，则指的是隔代照料活动能增进整个家庭的经济"聚集性"，扩大育龄子女的边际收入效用，改善家庭的经济状况持续向好的发展。当然，这种经济累进性效用的奏效方式不一、程度也迥异，不能视之为必然联系，但在促进子女的劳动力供给(特别是女性的劳动参与)、使子女保持稳定的持续就业及更积极地投入职场创收增收的动力之间有一定的逻辑关系。青年夫妻适时提高了自身的经济条件或者有较好的经济改善预期，都能在主观和客观上降低生育"保健性"因素，扫清生育道路上的阻碍，在"一孩"的生育基础上蓄力"二孩"的接续落地。

(一)促进劳动参与

隔代照料使得年轻父母能从较烦琐的照料儿童的具体事务中"解放"出来，从而腾出双手重回劳动力市场。这种劳动参与的力度更多体现在女性劳动力的回归，因为客观因素，女性必然会因为生育而暂时中断劳动就业，并且还要视后续的照料事宜安排来决定自己是否重回职场。母亲作为平衡"家庭—工作"的重要角色，幼儿照料的选择对于其参与劳动力市场与否起着至关重要的作用。考虑到女性劳动力参与与国家生育率之间的正相关关系（Mira and Ahn, 2002），以及祖父母与女性劳动力参与之间的正相关关系，不难想象代际支持对生育行为的重要影响，这不仅有利于"全面二孩"政策的稳妥实施，而且还有利于开发女性劳动力资源，缓解劳动力供给不足压力大问题，最重要的是能为家庭提供"工资性"收入贡献力量。

（二）持续稳定就业

诚如上述分析的那样，女性必然会因为生育而暂时离开工作岗位，当然也有些许男性可能因为要照料儿童而选择中断就业，不管是什么情况，有制度保障的女性在休满产假之后就要面临回归劳动岗位抑或辞职的两难选择，男性同样会面临在有限育儿假结束之后要做出"是否继续工作"的抉择。如此，由生育或多或少引致的不稳定就业问题较为突出，且长期的就业中断对个体和社会都会有显著的负面效应。从个体层面来说，长时期的不工作会导致家庭收入的减少以及影响退休以后养老金的获得，而且可能会导致不利的职业发展前景；从社会层面来说，父母较长的就业中断意味着更低的社会劳动力供给，不利于目前我国人口老龄化和人口红利逐渐消失现状的改善。隔代照料能促进育龄子女重返就业市场，提高劳动参与率和劳动持续时间。

（三）提高经济收入

隔代照料缓解了母亲的育儿焦虑及母亲角色与工作角色之间的时间冲突，并在一定程度上提高了女性的劳动参与率。隔代照料既增加就业供给，提高家庭经济收入，奠定了好的经济基础，又可以提高育龄青年的生育意愿，起到了良性循环作用。

由此，本书从多代家庭的生育决策、儿童照料安排等，论述了隔代照料能间接提高生育意愿，认为祖父母提供隔代照料服务，会降低生育给家庭带来的风险，并对生育结果的达成产生积极影响，而且这种激励机制在二孩生育中更明显。因为，许多具有二孩生育意愿和能力的年轻人正处于事业发展的上升期，一孩养育已使他们无暇他顾，二孩生育的时间和机会成本必然成为是否继续生育的重要考量，使得是否生育二孩的天平会在代际支持这一重要砝码的加持下而偏向"积极侧"。

第四节　隔代照料与家庭生育意愿

生育意愿是生育的基础，是计划实施生育行为、达成生育结果的第一道关口。生育意愿是个人价值观念在生育方面的体现，生育意愿能促成生育行为的发生。客观来讲，随着年轻一代生育主体的自我独立和个性解放，现阶段的生育意愿越来越集中在以"夫妻关系"为核心的决策单元中，"生与不生""什么时候生""生几个"等决策都是青年夫妻的个人事务，不应该也不需要由别人插手干涉。然而，隔代照料的主动介入，使家庭生育意愿增加了"祖辈"这一影响因子，可能会间接助力"代际联合"家庭达成"生育小孩"的目标。通常来说，父母一代在绝大多数情况下不会对子女生育持否定态度（极端少数情况除外），积极的"生存繁衍"生育观以及"现实可及"的隔代照料服务会对子女的生育意愿有"施压"和"后援"的双重交互作用。

一、隔代照料促进生育意愿的形成

很多老人在子女生育之前就开始规划孙子女的照料任务，甚至主动表示会提供隔代照料服务，这对子女的生育意愿和生育决策有积极的正向作用。一方面，祖父母为了能尽快"上岗"，会主动对已婚子女施压，也就是俗称的"催生""逼生"，虽然在一定程度上遭到年轻一代的反抗和吐槽，但不可否认，家人的耐心劝导和为子女考虑的真诚，确实会起到正向积极的引领效果，在"逼迫"之下就范；另一方面，因为父母的期望，会对子女在生育这件事上造成一定的紧迫感。而且随着父母年岁的增长，在未来想要再获得父母在儿童照料方面的支持可能已是时过境迁，这不仅是从"伤害"父母主观积极性方面来讲，更是随着时间的推移，父母在精力和时间上已爱莫能助。事实上，在实践走访调查中对"在生育孩子的决策中是否存在受双方父母影响"的问答中，有效问卷为 267 份，选择"是"

的有 180 人，占比 67.4%，而不曾受影响的只有 3 人，占比仅 2.6%。在"再生育孩子的原因"题目选项中，"满足长辈的期望"也占到了 27.5%，如表 4-5 所示。这在一定程度上说明，在全面二孩的生育政策背景下，生育动机呈现多元化的特征，但"父母压力、人丁兴旺"的生育文化仍然有一定的影响作用。

表 4-5　　　　　　　　　　再计划生育孩子的原因（多选）

	频次	个案百分比
希望儿女双全	44	43.1
一个孩子太孤单，给孩子留个伴	76	74.5
给家庭增添快乐	38	37.3
大孩已独立，再生一个给自己做伴	7	6.9
满足长辈的期望	28	27.5
以后老了多个孩子照顾	29	28.4
其他（请说明）	2	2.0
总计	224（$N=102$）	219.6

数据来源：作者自制。

虽然，本次调研的样本数量不足以有很全面广泛的代表性，但至少佐证代际之间的"施压"是有一定作用的。如此，这一生育决策的"压力"传导机制，其实是压力和激励并存的，且应更多地看到其"激励"的一面。

二、隔代照料扩大了生育决策预算线

子女在做生育决策时会综合考虑身体素质、经济能力、时间分配、照料压力等多方面的约束条件。如果子女在做生育决策时能得到父母的支持，不管是在经济上、时间上还是情感上的支持，都能扩大生育决策预算线，增强进度效应和意愿生育数，增加生育动力（如图 4-3 所示）。

贝克尔（2005）[①]曾经在其著作《家庭论》中将孩子比作"家庭耐用消费品"，

---

① 贝克尔. 家庭论[M]. 王献生，王宇，译. 北京：商务印书馆，2005.

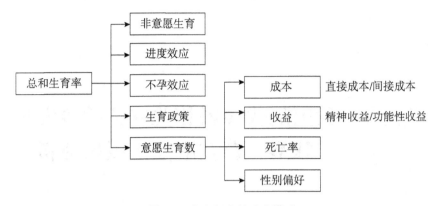

图 4-3　生育行为的动力模型

来考察家庭整体的生育和资源分配决策，认为随着家庭收入水平的提高，对该类"商品"的消费偏好也将增加。这一结论在中国也适用，但该结论的假设是基于发达国家的"夫妇核心家庭结构"之上，生育和抚养孩子的成本只是在核心家庭内部来承担。与发达国家不同的是，中国家庭的生育决策经常是"父代家庭"和"子代家庭"共同参与决策，在代际(祖辈、子辈)和多主体(爸爸、妈妈、爷爷、奶奶、外公、外婆)之间分担生育成本的可能性，扩大化的生育决策单元，将改变生育决策的预算线。如图 4-4 所示，核心家庭生育决策单元的生育预算线为 U_0，而有祖辈参与的"联合家庭"生育决策单元的预算线扩张为 U_1，将会增加育龄夫妻的生育效能，从而促进生育结果的形成。

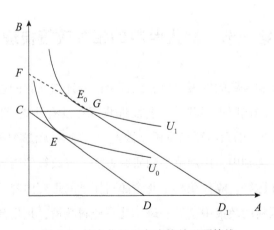

图 4-4　扩大化的生育决策单元预算线

第五章　我国隔代照料相关支持政策发展脉络、存在缺陷及原因分析

隔代照料从传统的家庭事务领域来讲，是"一家一户"自主安排其家庭中的人力资源及应对家庭事务的策略，大多数是依据现实情况和家庭资源条件的约束在代际家庭中合理配置，是家庭内部的责任分担方式。随着社会福利制度的深化改革和国家公共治理水平的不断提高，一方面，隔代照料本身面临着现实的发展困境，良性循环的可持续性发展内生能力不足，很有可能陷入"马太效应"；另一方面，由隔代照料引起的老年人口流动、儿童照料质量、代际关系融合以及儿童照料与社会生育行为考量之间的现实问题已然突破了家庭的私人领域研究范畴而进入公共服务体系和公共政策支持的关注议题。把隔代照料问题的探讨引向社会政策与公共服务领域，需要客观公正地审视隔代照料变迁途径和现阶段的政策支持现状，分析隔代照料政策支持及其服务需求的特征与要求，继而真正实现把微观层面的个人照料与宏观层面的社会照料和社会服务政策结合起来。

第一节　隔代照料的相关政策梳理

从政策的变革和实践的发展可以看到社会的变迁与文化的进步。从政策动态梳理的角度来考量隔代照料问题时，会发现我国并没有独立成体系的"隔代照料支持政策"，缺乏统一的话语路径辨析。因此，目前还无法将隔代照料归类到一项专门的政策研究类别中，用规范性的研究方法追寻政策的内容、政策主导者以及政策过程的变迁脉络。隔代照料是儿童照料体系的重要内容，与之相关的政策可以从我国儿童照料的政策中窥见一斑。儿童照料政策，是指政府在儿童的照看和教育方面的举措，这种举措既包括物质和服务上的直接供给，也包括与照料儿

童相关的休假规定和津贴制度。美国经济学家玛丽(Mary Daly, 2002)[1]提出：照料必须同时满足对服务、时间、资金三方面的需求。一个国家用来支持儿童照料的政策可分为三类：服务支持政策、时间支持政策和经济支持政策。我国在儿童照料方面的政策体现在公共托幼服务、亲职假和经济资助这三项政策中，本节将具体通过对这三项政策的梳理，回顾中华人民共和国成立以来我国儿童照料政策的发展与演变及有关隔代照料政策供给方面的规定。

一、公共托幼政策

托幼机构提供的照看和教育服务是儿童照料的主要形式。公共托幼政策是典型的服务类政策，是政府为支持儿童照料而出台的政策。公共托幼政策为政府出资(全额或差额)建设公共托幼机构提供了政策保障。[2] 我国公共托幼政策的建设发展并非一蹴而就，而是在不断的摸索改革过程中逐步深化确立起来的，有着深刻的社会发展和社会转型的印记。在社会发展的不同阶段，政策供给的内容也不尽相同，因而所起到的社会效用也有所差异，需要结合时代背景做归因分析，深入理解制度变迁的内在机理。

(一)计划经济时代公共托幼政策的建立

中华人民共和国成立初期，政府为了大力发展经济建设，鼓励城镇和农村妇女投身到社会生产当中，推行了一系列支持就业的政策，提倡女性拥有与男性一样的参与社会生产的权利，这些政策由国家计划经济体制保障执行。[3] 城市大范围的扫盲和职业技能培训帮助广大家庭妇女获得参与社会生产的能力。为确保集体劳动的可持续，也为了将原先"涣散"的劳动力动员起来，企业不仅承担生产任务，也建设了如职工子弟学校、托儿所、职工宿舍、医务所、澡堂、食堂等一

① Daly M. Care as a Good for Social Policy[J]. Social Politics, 2002, 9(2)：251-270.
② 对公共托幼服务、产假、父亲假、父母假和经济支持的定义参见 OECD. 经合组织家庭数据库，2014。
③ 袁秀贞. 1949—1978 年中国共产党鼓励妇女全面就业的政策研究[D]. 长沙：湖南师范大学，2008.

系列生活保障基本设施，帮助职工解决走出家庭投入社会生产后的基本生活需求问题。[①]

　　在这样的历史背景下，以帮助家庭解决儿童照料问题的公共托幼体系在20世纪50年代初开始建立。[②] 1949年中国妇女第一次全国代表大会通过了《关于中国妇女运动当前任务的决议》，首次提出儿童照料应向社会化发展；1950年，中华全国民主妇女联合会一届三次执委扩大会议将儿童照料作为公共问题进行重点讨论；1952年教育部出台《幼儿园暂行规程》规定，幼儿园的任务是"教育幼儿，使他们的身心在入小学前获得健全的发育；同时减轻母亲照料儿童的负担，以便母亲有时间参加政治生活、生产劳动、文化教育等活动"。可见，当时的幼儿园承担了照料儿童和帮助母亲就业的双重任务。数据显示，1949年10月前，全国共有托儿所119个，[③] 到了1954年，全国厂矿企业、医院、学校等系统建有托儿所4003个、哺乳室2670个。[④] 此外，妇联、卫生、教育等部门还开展了一系列工作"帮助广大妇女群众提高科学养育水平、农村防病治病，提高婴幼儿存活率"，"帮助家庭建立科学教育的理念"，"帮助鼓励农村、街道、里弄鼓励设立托幼互助组织"来促进儿童照料体系的发展。在计划经济时代，儿童照料问题受到了社会的广泛关注，国家把儿童照料与妇女就业摆在同样重要的位置。公共托幼政策的产生，恰是妇女作为社会劳动者身份的见证，女性作为劳动者的主体意识也是伴随着集体化生产的过程而建立起来的——如果不是因为这股强有力的主体意识的确立，那么很难解释在之后几十年的社会变迁中，中国妇女一直保持较高劳动生产率的内在原因。

　　依托单位集体福利制的公共育儿模式，将儿童由原先的家庭个人照顾模式转移到由集体专人照顾模式中，在生产能力不足、个人和家庭物质条件明显短缺的社会环境中，是一种"优育"的实践。但是，需要看到的是，即使在计划经济时代，也并不代表我们已经建立了国家对儿童照料的公共责任意识，公共托幼的安

---

　　① 田毅鹏."典型单位制"的起源和形成[J].吉林大学社会科学学报，2007(4)：56-62.

　　② 和建花.中国3岁以下儿童托幼政策与事业发展回顾[J].中国妇运，2017(1)：46.

　　③ 财君尚.新中国与托儿所[M].上海：广协书局，1952：30-34.

　　④ 王丽瑛.北京卫生史料　妇幼卫生篇(1949—1990)[M].北京：北京科学技术出版社，1993：140.

排并不意味着育儿责任转移到国家身上。有关儿童照料的大部分工作，依然属于"家庭私事"，依然需要家庭成员在家庭内部完成，妇女也并未因此彻底摆脱"家庭是妇女需要自己克服的私人困难"的境遇，只是当时国家为了鼓励生产，在一定程度上缓解了家庭儿童照料的压力。

(二)市场化转型中托幼政策的调整和转向

改革开放以后，中国逐步转向以市场经济为主导，特别是伴随着现代企业制度转型，依托单位制的集体福利制度逐渐瓦解，原先由企业承担的福利转向由市场和社会供应，① 现代企业制度打破了"大锅饭"模式，建立了合同制用工模式和"多劳多得"的分配机制。企业本身也逐步摆脱了政治和社会职能，而向"趋利"性转变，作为集体福利内容之一的集体托幼服务也随之走向消亡。在这期间，我国的托幼政策也发生了如下转变：

一是集体性质的托儿机构逐渐消失。随着国家经济体制的改革，企业不再出资提供儿童照料服务，转由社会和市场来提供，这标志着我国公共托幼服务的主要提供者由集体转向市场。1997 年国家教委发布《全国幼儿教育事业"九五"发展目标实施意见》，提出要逐步推动幼儿教育社会化，要坚持政府拨款、主办单位和个人投入、幼儿家长缴费、社会广泛捐助和幼儿园自筹等多渠道解决社会托幼体系建设经费不足的问题。2003 年，教育部等十家部门联合发布《关于幼儿教育改革与发展的指导意见》，提出坚持走以市场为主题的儿童照料模式，鼓励家长向市场购买育儿服务。至此，公办托幼机构大规模萎缩。2000 年到 2005 年，全国集体性托幼机构减少 70%；2006 年中国企业社会责任调查显示，只有不到 20% 的国有企业提供托幼服务，私企与外企比例更低。此外，民办托儿所因为缺乏可操作的准入机制，加上支持社会托幼服务发展的法律法规缺位，市场化托幼机构发展非常缓慢。

二是家庭成员重新成为儿童照料服务的主要供给者。1988 年，八部委联合制定《关于加强幼儿教育工作的意见》指出："养育子女是儿童家长依照法律规定

---

① 杜凤莲. 我国国有企业建立现代企业制度的思考[J]. 内蒙古社会科学，1996(5)：100.

应尽的社会义务，幼儿教育不属义务教育"。此后，相关政策也做了相应调整，女职工产假由原来的 56 天增加到 90 天（2012 年平均产假天数增加到 98 天+30 天）；托儿机构最低入托年龄由原先的 56 天提高到 18 个月（部分是 2 岁）以上，幼儿园的入园最低年龄为 3 岁①。从 1990 年开始，一些省市（如上海、江西等）陆续提出增加父亲的亲职假权益，鼓励父亲参与到儿童照料中来。有研究调查近年来我国 7 个省的"承担三岁以下儿童照料任务"的情况，家庭成员（妈妈、祖父母或外祖父母、爸爸）是三岁以下儿童的主要照料者，家庭照料比例达 91.65%，由托幼机构照料的儿童比例仅为 5.57%。由此可见，随着我国从计划经济时代步入市场经济时代，家庭成员又重新成为儿童特别是学龄前儿童的主要照顾者。在这一阶段，国家对儿童照料的支持主要是通过延长妇女产假所体现的。

三是儿童照料方式从生活化向专业化转变。从 20 世纪 80 年代起，与儿童照料相关的政策主张，不再主要出现在妇女工作会议中，而是出现在教育政策和儿童发展政策中，学龄前儿童特别是 3 岁以下儿童的照料问题，逐渐从公共托幼体系中退出，转为由家庭承担的"早期教育"，学龄期儿童的照料重点从日常生活照料照顾转向德、智、体、美、劳全面发展。1988 年起，托幼机构的任务由 20 世纪 50 年代提出的"使儿童的身心在入小学前获得健全的发育；同时减轻母亲照料儿童的负担，以便母亲有时间参加政治生活、生产劳动、文化教育等活动"双重目标，转变为"对幼儿进行体、智、德、美全面发展的教育，为儿童进入小学阶段的学习作好准备"单一的教育目标，儿童照料方式逐渐从生活化过渡到专业化。"计划生育"政策倡导的"优生"观念也凸显了儿童照料专业化的重要性，西方教育学、心理学、医学理念也强调了儿童发展的科学性、关键性、不可逆性，强调了家庭尤其是父母双亲对儿童教育的重要性，而对儿童未来的预期也成为教育投资不可明说的"回报"。有家庭需求调查显示，家长高度认同 3 岁以下儿童最好的养育方式是在家庭内部由亲职承担，且亟需更加专业化的早期教育资源。

二、亲职假政策

亲职假政策是时间类政策的代表，主要指在保留父母雇佣资格（存续劳动关

---

① 张亮. 中国儿童照顾政策研究[D]. 上海：复旦大学，2014.

系)的前提下，国家通过向工作状态的父母提供"照顾时间"的方式来支持儿童照料，以带薪或不带薪的假期形式体现，使父母能平衡好"家庭—工作"的矛盾，合理安排照料子女和劳动就业的时间分配。亲职假类型主要有产假(Maternity Leave)、父亲假(Paternity Leave)和父母假(Parental Leave)三种类型，其中产假是时间最长、对照料儿童帮助最大的假期。在我国，按照《生育保险条例》以及妇女权益保护等相关的规定，产假是最重要的亲职假。此外，宏观调控的计划生育政策中也有涉及亲职假的规定，比如晚婚晚育的母亲可获得延长产假的奖励，父亲可获得护理假等。

(一)产假制度的变迁

我国的产假制度可以追溯到中华人民共和国成立之初。1951年由中央政府政务院颁布的《中华人民共和国劳动保险条例》、1953年的《中华人民共和国劳动保险条例(修正草案)》以及1955年发布的《国务院关于女工作人员生产假期的通知》中都对就业女性的产假进行了规定：女工人、女职工和女工作人员生育，产前产后共给假56日，产期期间的工资照发；女性临时工、季节工及试用工的生育假期与一般女职工相同，产假期间工资为平时工资的60%。针对有女职工在产假后遭企业退职的现象，各部委相继制定了相关条例保障妇女在产后重返就业岗位的权利。[①]

2012年，在社会统筹生育保险基本思路不变的情况下，产假制度再次有所调整：一是在假期时间长度上，基于我国产假天数低于国际劳工组织建议的"不低于14周"的标准，把产假时间由90天延长至98天；二是在生育津贴的支付标准和方式上，保持社会统筹支付不变，但基于社会生育保险尚未全部覆盖的现状，新增了未参加生育保险的女职工的生育津贴由用人单位按产假前工资标准支

---

① 1955年3月第二机械工业部《工厂女工保护暂行条例》规定："不得拒用妇女怀孕、生育、哺乳婴儿之妇女参加工作。"针对动员逼迫有孩子的女职工退职、歧视和侮辱怀孕乳婴儿的女职工等现象，1956年9月1日，商业部、商业工会全国委员会颁布《关于进一步女职工工作条件和加强女职工保护工作的联合指示》，规定："对女职工的使用、培养、提拔要男女平等、同工同酬的原则，不得以结婚、怀孕、生育、哺乳为理由辞退女工或降低工资。"参见黎建飞. 我国生育保险的立法进程与完善[J]. 河南省政法管理干部学院学报，2010(5).

付的规定，扩大了享受生育津贴的女性群体范围，如表 5-1 所示。

表 5-1 与产假相关的立法变迁

年份	法律与法规名称	假期长度	生育津贴支付水平	雇佣资格权利保护
1951	中华人民共和国劳动保险条例	产前产后 56 天	工资照发	无规定
1953	中华人民共和国劳动保险条例（修正草案）	产前产后 56 天	工资照发	无规定
1955	国务院关于女工作人员生产假期的通知	产前产后 56 天	工资照发	无规定
1988	女职工劳动保护规定	90 天（其中产前 15 天）	无规定	不得在女职工怀孕期、产期、哺乳期降低其基本工资或解除劳动合同
1994	企业职工生育保险试行办法	无规定	按照本企业上年度职工月平均工资计发，由生育保险基金支付	无规定
2012	女职工劳动保护特别规定	90 天（其中产前 15 天）	已经参加生育保险的，按照用人单位上年度职工月平均工资的标准由生育保险基金支付；对未参加生育保险的，按照女职工产假前工资的标准由用人单位支付	用人单位不得因女职工怀孕、生育、哺乳而降低其工资、予以辞退、与其解除聘用合同

（二）计划生育与亲职假

20 世纪 80 年代以来，计划生育政策成为我国的一项基本国策，它在一定程度上推动了我国亲职假的发展。为了落实计划生育政策，国家在政策制定之初确立了对独生子女家庭进行延长产假的亲职假政策。1982 年《关于进一步做好计划生育工作的指示》中，更是明确把"实行必要的奖励和限制，保证计划生育工作的顺利开展"作为指示内容之一。① 此后，全国各地区根据上述指示制定了相应的计划生育奖惩措施，延长母亲的亲职假期就是一项重要的计划生育奖励政策（见表5-2）。

到了20世纪90年代，亲职假奖励开始从延长母亲产假扩展到增加父亲陪护假。上海、江苏(1990年)和福建(1991年)首先提出给予父亲3~7天的晚育护理假，这在当时来说是一种新的亲职假类型。② 2001年《中华人民共和国人口与计划生育法》颁布以后，在我国各地区(除西藏外)正式实行父亲晚育护理假。从父亲晚育护理假的时间安排来看，全国父亲晚育护理假平均有15天，但也有些地方做了特别规定，比如河南的父亲晚育护理假有30天，而山东的父亲晚育护理假只有3天。在假期工资福利待遇安排上，全国各地都遵照"工资待遇照发，福利待遇不变"原则。尽管晚育护理假是国家对遵守计划生育政策公民的一种奖励、优待，并不是为了帮助父亲履行照料儿童的责任而设计的，但它在客观上让职场父亲在孩子出生之时有机会暂时离开工作岗位，陪伴和照顾新生儿和妻子，这对家庭儿童照料带来了实际的益处。

表5-2　　　　　　　　全国各地区亲职假时间一览表

地区	女方产假	男方护理假	其他福利/备注
北京	98+30 天	15 天	女职工经所在机关、企业事业单位、社会团体和其他组织同意，可以再增加假期1~3个月
天津	98+30 天	7 天	不能增加生育假(产假)的，给予一个月基本工资或者实得工资的奖励。
上海	98+30 天	10 天	
重庆	98+30 天	15 天	经本人申请，单位批准，产假期满后可连续休假至子女一周岁止。
广东	98+80 天	15 天	

---

① 中共中央、国务院. 关于进一步做好计划生育工作的指示[EB/OL]. [2023-10-31]. http：//www. people. com. cn/item/flfgk/gwyfg/1982/112709198201. html.

② 潘锦棠. 中国生育保险制度的历史与现状[J]. 人口研究，2003(2).

续表

地区	女方产假	男方护理假	其他福利/备注
广西	98+50 天	25 天	
湖南	98+60 天	20 天	
湖北	98+30 天	15 天	
山东	98+60 天	7 天	
浙江	98+30 天	15 天	用人单位根据具体情况，可以给予其他优惠待遇。
四川	98+60 天	20 天	
江西	98+60 天	15 天	
安徽	98+60 天	10 天	夫妻异地生活的，男方享受护理假为 20 天。
宁夏	98+60 天	25 天	
西藏	女职工实行晚婚晚育并领取"独生子女证"的，给予延长产假优待，最长为一年	0 天	没有具体规定奖励产假的天数。
辽宁	98+60 天	15 天	
江苏	98+30 天	15 天	用人单位根据具体情况，可以给予其他优惠待遇。
贵州	98+60 天	15 天	
海南	98+3 个月	15 天	
陕西	98+60 天	15 天	夫妻异地居住的给予男方护理假 20 天。女职工参加孕前检查的，在法定产假的基础上增加产假 10 天。
吉林	98+60 天	15 天	女职工经本人申请，单位同意，可延长产假至一年。
福建	158～180 天（含国家基本产假 98 天）	15 天	
青海	98+60 天	15 天	
河北	98+60 天	15 天	

续表

地区	女方产假	男方护理假	其他福利/备注
内蒙古	98+60 天	25 天	
云南	98+60 天	30 天	
河南	98+3 个月	30 天	
新疆	98+60 天	15 天	
黑龙江	180 天(含国家基本产假 98 天)	15 天	
山西	98+60 天	15 天	符合相关规定的农业人口,村民委员会可以给予一定的奖励。
甘肃	180 天(含国家基本产假 98 天)	30 天	

三、经济支持政策

经济支持政策是指国家为了减轻家庭在儿童照料上的经济压力而采取的一系列措施。它包括直接经济支持和间接经济支持。直接经济支持是指国家直接向有儿童照料需求的家庭发放育儿补贴,或是为因为照料儿童暂时离开劳动力市场的父母提供照料津贴,或是国家为儿童提供免费义务制教育。间接经济支持主要是指国家通过税收政策减免有儿童照料责任父母的个人所得税。受我国人口基数大、财政支付能力不足的现实情况约束,经济支持政策是我国育儿政策的薄弱环节。而且,在我国社会保障制度中,经济支持政策常与社会救助政策挂钩,它的作用对象多针对家庭收入水平不高的贫困家庭。

(一)直接经济支持政策

中华人民共和国成立初期,国家为了大力发展经济,让劳动者有更多的精力投入生产,开设了大批集体制社会托幼机构。所谓集体制社会托幼机构,就是以用人单位为一个集体,单位出资一部分,个人也承担一部分费用,专门为本单位职工提供儿童照料服务的机构。为了缓解贫困家庭儿童照料的经济压力,1953

年国家颁布了《中华人民共和国劳动保险条例实施细则修正草案》，规定托管儿童的餐饮费用原则上由父母自行承担，但若父母确有困难，可申请劳动保险补助津贴，但每位儿童的补贴金不得超过餐饮总费的1/3。通过这项规定我们可以知道，要想得到国家的育儿津贴，必须同时满足父母必须身处就业市场和家庭经济十分困难两个条件。显然，这样的育儿经济补贴制度的覆盖面非常有限。即便如此，这样的经济支持政策也没能持续很长时间。1969年财政部颁发了《关于国营企业财务工作中几项制度的改革意见(草稿)》，明确规定企业暂停劳动保险金的提取，这意味着切断了育儿补贴制度的经济源头。从此，带有社会救助性质的育儿补贴制度退出历史舞台。

此后的几十年是中国经济迅速发展的几十年，中国社会不管在物质文明建设还是精神文明建设中都取得了世界瞩目的成绩。遗憾的是我国的社会福利制度并没有赶上经济制度发展的步伐，加上受传统观念的影响，国家在儿童照料方面并没有给予应有的关注。唯一与儿童照料沾边的经济补贴，恐怕只有针对贫困家庭的社会救助补贴。直到进入21世纪，国家调整了发展战略，提出科学发展观，注重经济、社会、文化的和谐发展之后，我国在2010年相继出台了《国家中长期教育改革和发展规划纲要(2010—2020年)》和《国务院关于当前发展学前教育的若干意见》①，开始关注低龄儿童的受教育权利，制定了学前教育资助制度，是新时代我国政府制定的首个与儿童照料相关的经济支持政策(见表5-3)。

新时代的育儿直接经济支持政策与中华人民共和国成立初期的育儿经济支持政策有了明显不同，主要表现在以下几个方面：第一，政策目的不同。新时代的育儿直接经济支持政策主要是为了统筹全国教育资源，实现教育公平，保障每个儿童的受教育权利；而中华人民共和国成立初期育儿经济支持政策是为了当时的经济发展政策服务的，国家希望通过分担家庭儿童照料的压力，让劳动者有更多的精力投入劳动生产当中。第二，覆盖范围不同。新时代的育儿直接经济支持政策只需要评估家庭经济状况就可申请补贴，不受父母是否加入劳动力市场的限制；而中华人民共和国成立初期的育儿经济支持政策不仅受家庭经济状况的影

---

① 2011年9月，教育部，财政部出台《关于建立学前教育资助制度的意见》，从2011年秋季学期起，对家庭经济困难儿童、孤儿和残疾儿童予以资助。

响，而且还受到户籍、父母是否加入劳动力市场的约束。第三，资金来源不同。新时代的育儿经济支持政策主要是由公共财政部门统一划拨专项资金，而中华人民共和国成立初期的育儿经济支持政策主要从社会保险基金里面扣除，新时代的资金来源更稳定，支付能力也更强。

表 5-3　　　　　　　　　　　　经济支持政策内容的变迁

年份	法规名称	经济资助内容	资金来源
1953	中华人民共和国劳动保险条例	托儿饮食费由托儿父母负担，如托儿父母经济确有困难者，得由劳动保险基金项予以补助，但对每个儿童的补助不得超过托儿饮食费的1/3	劳动保险基金
	各地的计划生育条例	报销部分托管费和管理费	夫妻双方工作单位
2003	关于幼儿教育改革与发展的指导意见	各地区要采取切实措施确保低收入家庭和流动人口的子女享有接受幼儿教育的机会。对社会福利机构、流浪儿童救助保护机构的适龄儿童，要给予照顾，有关费用予以减免	地方公共财政
2010	国务院关于当前发展学前教育的若干意见	建立学前教育资助制度，资助家庭经济困难儿童、孤儿和残疾儿童接受普惠性学前教育。中央财政设立专项经费，支持中西部农村地区、少数民族地区和边疆地区发展学前教育和学前双语教育	中央和地方公共财政

(二)间接经济支持政策

随着经济社会的进步，国家调整了指导经济发展的方式并越来越重视统筹经济的发展意义。为了减轻家庭育儿的经济负担，2019 年 1 月 1 日《个人所得税专项附加扣除暂行办法》在全国范围内正式实施。规定工薪劳动就业者可以在子女教育、继续教育、大病医疗、住房贷款利息、住房租金、赡养老人(包含隔代"反哺"赡养的支持)等六项事务中享受个人所得税起征点上的专项扣除额度，并进一步明确了专向扣除的原则、范围、标准、申请程序等具体事项。其中体现育儿支持的具体规定为：纳税人子女在全日制学历教育阶段(包括义务教育、高中阶段教育、高等教育)的支出，以及子女年满3岁至小学入学前处于学前教育阶段的支出，纳税人可按照每个子女每年12000元(每月1000元)的标准定额扣除；子女教育的扣除主体是子女的法定监护人，包括生父母、继父母、养父母，父母之外的其他人担任未成年人的法定监护人，比照执行①。但遗憾的是此办法并没有包含对0~3岁儿童的照料服务支持及其考量。

间接经济支持政策虽然对缓解儿童照料需求没有起到直接的促进作用，但从公共政策视角来看，政府层面在逐步重视夯实和鼓励家庭整体功能的发挥，也正在尽可能地制定支持家庭整体职能发展的政策，为家庭内生成长赋能。梳理个人所得税专项扣除政策，是为儿童照料以及隔代照料政策支持的设计，理清原有政策路径，待条件成熟之际即可扩大保障内容和保障主体，发挥政策的叠加效应。

第二节　现行隔代照料支持政策存在的不足

儿童照料对家庭和社会来讲都是非常重要的未来人力资源和财富，完善的儿童照料方式安排能给儿童成长发展带来很多益处。隔代照料作为缓解儿童照料压力的有效方式，一方面能满足儿童照料的需求，同时还能支持女性重返职场，为国家的经济发展持续蓄能。从上文对隔代照料相关支持政策安排的梳理中我们应该认识到，政策的制定是一个宏观层面问题，关系到整个社会经济的发展导向，而不应仅仅视之为一个微观层面的治理问题，单一以解决家庭照料的问题来处理。我国现行的与隔代照料相关的支持政策比较薄弱，究其原因，既有保障主体的缺失也有支持内容的不足，需要在认清现实的状况下有的放矢地进行针对性的改革。

一、隔代照料主体的保障政策缺失

首先，关于老年人在隔代照料服务的供给过程中可能会面临的身体健康、心

---

① 国务院. 个人所得税专项附加扣除暂行办法[EB/OL]. [2023-10-31]. http://www.gov.cn/xinwen/2018-12/22/content_5351198.htm.

理健康、夫妻分居、城市融入等问题，本书已在第三章专门讨论，在此不再赘述。我国现行的老年福利制度和儿童照料制度都未对老年隔代照料者的主体权益进行明确界定，相对于非亲属儿童照料者而言，祖父母在照料孙子女的过程中获得的政策支持比非亲属儿童照料者还要少(Landry-Meyer, 1999)。这种情况可能会对提供隔代照料服务的祖父母带来一定的福利损失，特别是经济困难的隔代家庭，由于他们缺乏提供照料服务的正式依据，他们很难获得政府或社会提供的经济或服务上的支持。

其次，在基于劳动就业属性上的儿童照料权益政策中也缺乏祖辈参与程度的政策设计。比如亲职假期、经济支持、照料津贴等制度中，隔代照料的老年人主体的基本权益未受到足够重视，不利于老年群体社会福祉的改善。保障老年隔代照料者的政策还处于"真空"状态。

最后，照料活动经常表现为高度性别化的劳动倾向，经常是由女性来承担照料儿童的重任。即使不是年轻母亲自己亲自照料儿童，在很大程度上也会是她们聘请来的女保姆来照料，抑或是女性祖辈来照料(一般是奶奶或者外婆)，继而形成了"链状的压迫"，而链条一环一环通向劳动价格更低或更愿意付出劳动的女性，"儿童照料"与"料理家务"成为高度社会性别化的劳动。如果说生育和哺乳是由女性的生理结构决定的，必须由女性来完成。但是现实情况是，随着儿童年岁增长，渐渐不需要哺乳，但照料儿童的责任还是以女性(母亲、祖母、保姆)为主。这种在性别背后所隐藏的文化偏见也是隔代照料政策制定过程中需要考量的重要因素，谨防不公平却又缺乏反思的制度安排。如此，老年女性权益保障的问题应被再次受到重视，而现行的劳动就业政策及社会公共政策并未很好地考虑到老年女性的多重照料压力，如养老保险制度设计中以缴费基数和缴费年限为基础的计费方式没有受其他因素的影响，这会对有隔代照料压力的老年女性产生"逆向退休"决策的可能性，对其未来的养老预期带来负面影响。

二、隔代照料的社会支持政策不完善

倘若说生育决策是一个瞬时行为，那么儿童照料则是一个长期问题。照料儿童持续的时间较长，照料内容繁杂，儿童的每个阶段都需要供给不同的照料服务，还要讲究照料供给方法的科学性。因此，隔代照料需要众多维度和领域的相关服务支持，除了政府主导的社会托幼服务、亲职假政策和"普遍性"原则的经济支持政策以外，还需要市场机制所提供的丰富多样的育儿资源以及社区、非营利性组织和志愿部门所提供的各类社会支持等都是保障隔代照料良性持续运行的重要支撑条件。然而，目前社会公共政策和服务领域对涉及隔代照料的支持性制度建设还不是很全面，所起到的促进、分担作用较弱，隔代照料的社会服务供给短缺。

（一）社会化儿童照料服务供给不足

现有的儿童照料服务包括由政府部门主导的公共照料服务和个人资本主导的市场化照料服务。现有的儿童照料社会服务不完善体现在两个方面：一是社会托幼服务供需矛盾突出。通过对我国公共托幼政策的梳理分析可以看到，围绕增加劳动力就业参与率、儿童教育发展、人口生育平衡、社会文化发展等政策发展而制定的公共托幼政策的内容几经变迁，深刻影响着家庭与国家的儿童照料责任分工问题。但伴随着以"市场化"为主要特征的社会经济变革，本来由单位或集体负责提供的"公共托幼服务"走向了以"市场"为导向的改革路径，国家对托幼服务的投入和支持逐渐减少。国家正式的幼儿服务供给主要是学前教育阶段的幼儿园制度，但幼儿园通常只接受3岁及3岁以上的有自理能力且身体健康的儿童，而针对3岁以下或缺乏自理能力的婴幼儿公共照料机构非常少。二是市场化托幼机构的信任度不高。公共照料资源的不足给了市场广阔的发展空间，资本的敏锐嗅觉发现了托幼服务的巨大商机，很多个人资本加大了市场化托幼服务的经济投入。但就目前情况来看，市场化托幼机构的服务对象也像公共托幼机构一样，他们的服务对象主要集中在3岁或3岁以上的健康儿童，3岁以下儿童照料的需求仍然没有找到合适的解决方式，加上市场化托幼机构普遍面临师资力量不稳定、办学资质不齐全、安全性能无保障、教育收费太高昂等困境，市场化托幼服务在我国的育儿实践中并未受到广泛认可。

（二）儿童照料的时间支持政策不完善

产假、陪产假、育儿假以及弹性工作制度都是时间支持政策中的具体政策制度，也是世界普遍实行的儿童照料时间支持做法。与西方福利国家的时间支持政策相比，我国的产假时间比较短，即使经过多次调整增加，还包括各种奖励假期，也只有 150 天左右。产后五个月的母亲大多数还处于哺乳期，婴儿还非常需要母亲的喂养和关爱，这个时期就把母亲召回工作岗位，她们很可能无法全身心投入到工作中，影响工作效率。有的母亲甚至"身在曹营心在汉"，因为太担心婴儿是否被妥善照料，出现产后抑郁的现象，影响身心健康。另外，我国的儿童照料时间支持政策还表现出高度的性别化特征。照料孩子，本应是夫妻双方的共同责任。但是受到我国传统文化"男主外女主内"思想的影响，大多数父亲在儿童照料方面都没有尽到他们应尽的职责。虽然我国大部分地区出台了 7~30 天不等的陪产假，但就拿最长标准 30 天的陪产假来说，对于照料儿童也是远远不够的。加上很多企业不重视父亲在照料儿童方面的职责，有些企业甚至在父亲休陪产假期间不按照国家陪产假的规定，为其支付工资、社保，这让休陪产假的父亲可能会面临收入惩罚。所以，父亲的陪产假在我国实施的情况并不理想。而且，无论是产假还是陪产假，针对的仅仅是参加全职劳动或在正规企事业单位工作的父母，而对于从事兼职工作或者自主创业的父母来说，还没有覆盖他们的儿童照料时间支持政策。

(三) 缺少针对女性兼顾工作与家庭的支持政策

女性为了兼顾就业和育儿，往往需要进行生育决策并选择不同的儿童照料模式来应对未来或正在面临的"工作—家庭"平衡的难题，为了照料儿童，很多女性会不得不中断就业或者选择时间较灵活的兼职工作。在目前儿童照料或女性就业权保护相关的政策安排中，既缺乏针对婴幼儿照料的社会托幼服务供给，也尚未建立起因照料儿童而不得不面临的女性职业中断 (Career Breaks) 或鼓励女性再就业方面的保障机制。这样一来，女性很有可能在面临家庭和工作不平衡的冲突时，把求助的目光转向自己的父母，期望父母能帮自己承担一部分儿童照料的压力。由祖父母来承担起代际纵向之间传导的照料压力，无形中加剧了对隔代照料的刚性需求约束，需要在政策制定层面上有所考量，适时有效的控制这一"压力传导"机制，使隔代照料在自愿的基础上实现良性循环。

但是，需要特别说明的是：产假、育儿假、哺乳假并不是越长越好，政策制定者必须综合考量儿童的照料需求和女性的职业发展，力求找到一个平衡点，既能顾及儿童的照料问题，又不至于让女性长时间离开工作岗位。有研究表明，女性长时间离开工作岗位，可能会导致其专业知识生疏和职业技能下滑（Mincer and Polachek，1974)，对女性职业发展带来不良影响，甚至让一部分女性遭遇工资惩罚，不利于家庭的良性发展。女性离开劳动力市场的时间越长，其职业发展和经济收入受到的负面影响就越大（Smeaton，2006；Evertsson and Duvander，2010）。

三、隔代照料支持政策的协调性不够

政策的协调性考量的是不同领域政策之间和相关政策之间的互补性，使政策组合发挥叠加效应。现阶段我国与隔代照料相关的政策支持还非常少，大多分散在相关的社会政策之中，加上国家经济发展和部门利益分割的现实状况，各相关领域的政策缺乏一致的政策逻辑和政策定位，这在一定程度上影响了隔代照料的可持续发展。

（一）延迟退休与隔代照料之间的冲突

随着社会抚养压力增大与预期人口寿命的延长，我国在退休制度和养老金制度设计中采取了"延迟退休"的方案。一方面，为了迎合家庭的照料需求，在岗在职的祖辈很容易有"引致退休"效应，即倾向于早点退休回归家庭照料孙子女，这不仅会使老年人自身的养老待遇受到挤压，也会对养老保险制度带来较大的支付压力；另一方面，由于延迟退休的规定，一些祖辈没有进入退休梯队，未来的隔代照料又将面临老年照料者在工作和照料供给之间的冲突。

不容置辩，我国养老保险制度改革立意高远、任重道远。其一，推行延迟退休政策，可以充分挖掘老年人力资本的红利；其二，缩小男女退休年龄的差距，有利于增进女性工作年限，提高女性养老保险权益，降低个人养老尤其是女性养老过程中收不抵支的风险。然而，考虑隔代照料的支持政策供给，最重要的是要看到决定未来补充托儿服务供应的力量。由于历史环境的综合作用，目前能提供隔代照料的祖父母可能数量还比较多，因为当前许多祖辈的劳动力市场活动水平相对有限，这为年轻母亲的就业率做出很大贡献，然而政策眼光要放的长远一些，经过一个个生育周期的轮换，不久的将来，很多祖辈的初始年龄可能是在

50 岁左右，而不是退休后。

　　延长老年人退休年龄可能会对祖父母提供密集型的隔代照料服务产生抑制作用，影响家庭隔代照料服务的可获得性，减少家庭获得灵活便捷、低成本儿童照料服务的来源，并对有儿童照料责任的父母的就业率产生潜在的负面影响。国家设计延迟退休政策，可能是考虑到随着老年人口健康寿命的延长，对于很多人来说，50 岁或 60 岁正是劳动力旺盛的时候，这时候就让他们退出劳动力市场，未免有点浪费人力资源的意思。但随着全面"二孩"政策的施行，很多退休的中老年人并没有退出劳动力市场，他们只是从社会劳动力市场转移到家庭劳动力战线，从创造社会财富转移到为建设家庭发展的事业当中。因此，从表面上看，延迟退休政策看似是对老年人力资源的有效利用，却忽略了老年人在提供隔代照料服务时创造的社会价值。儿童得不到妥善照料，不光影响家庭的和谐发展，对经济社会的健康持续也有抑制作用，延迟退休政策创造的收益可能会被儿童得不到妥善照料的负面效应抵消（程新峰、姜全保，2019）①。因此，设计者在设计一项制度时，不光要看到制度带来的收益，还要充分考虑制度可能产生的利益损害，综合权衡各方因素，以便发挥制度最大的效用。

（二）异地就医与隔代照料之间的不便

　　隔代照料是老年人流动的首要原因，根据《中国流动人口发展报告 2016》，有 31.3% 的老年人流动是为了照料孙子女。而随迁老人面临着户籍、医疗系统壁垒等现实困难，这些问题得不到及时关注和有效解决，将对老年人的隔代照料供给能力带来负面影响。

　　目前，我国建立了全民覆盖的医疗保险制度，包括城镇职工保险制度和城乡居民医疗保险制度，医疗报销水平高，保障项目齐全，为解决民众"看病难""看病贵"的问题做出了很大的贡献。然而，现阶段，我国医疗保险制度大多还是停留在市级统筹的层面，很少有实现省级统筹的，更不用说全国统筹，因此在民众跨区异地看病时将会面临"结算难""报销难"的现实问题。前面对隔代照料的现

---

　　①　程新峰，姜全保. 隔代照料与老年人年龄认同：子女代际支持的中介效应[J]. 人口学刊，2019(3).

实困境分析中已详细论述了老年隔代照料者在城市化迁徙的进程中和具体的隔代照料的事务劳动中面临着较为严峻的健康问题，需要有效的医疗卫生政策支持，如果流动到城市的非户籍地老人还需要依赖户籍地的医疗保障支持，将很难使隔代照料持续下去。

第三节　隔代照料支持政策不足的原因分析

虽然在过去的十年中，隔代照料显现出来的问题越来越明显，但由于缺乏制度上的认可和支持，隔代照料问题依然没有得到妥善解决。一直以来隔代照料的社会价值被低估或者忽视，没有在宏观层面及公共政策制度中有一席之地，是很多因素叠加的客观结果。

一、对隔代照料的社会价值认识不到位

(一)认为隔代照料是私领域的家庭事务而忽略其社会价值

受传统家庭观念的影响，隔代照料在我国是很常见的现象。传统家庭中每个人从出生起就进入"生存繁衍"的循环，长期宗法社会使民众"含饴弄孙"思维固化，即使是现代家庭也存在这种烙印。[1] 传统的家庭观念使得当人们提到人口问题的时候，提到儿童、妇女、老人群体的时候，就会自然而然地认为这些问题理应消隐在家庭内部，家庭自己会解决，不需国家的干预，不需要社会政策为人口提供这样那样的帮助。然而，私领域的事务逐步突破到公领域来，对于今天的家庭来说，家庭显然已不再有足够的能力去应对这些问题，因此需要积极的国家干预和社会支持。

(二)认为隔代照料是"情动劳动"而难以衡量其社会价值

借鉴现在学界流行的情动概念，它认为隔代照料本身是一种"情动劳动"。

---

① 何圆，王伊攀. 隔代抚育与子女养老会提前父母的退休年龄吗？——基于 CHARLS 数据的实证分析[J]. 人口研究，2015，39(2)：78-90.

情动跟情感的概念有类似之处，它不是由理性驱动的，而是身体与心灵同时被激发，同时都要投入。美国女性主义理论家近些年关心那些特定的涉及或激发情感的劳动方式，比如病人照料、老人陪伴、某些服务业、婚姻或共居中的一些情感投入问题。这种劳动没有简单的可替代性和纯粹的购买性质，它要求情感付出和情感回馈。隔代照料就是这样的一种典型的情动劳动，是以情动为核心的，是一定会激发情感、以情感为前提的劳动。这种劳动往往被认为是自然而然的行为，而它的难度、专业性容易被人们忽视。近年来研究者逐渐意识到，隔代照料不该被认为是顺手而为的、非物质性的。它的难度、它的专业性、它的社会价值应该被重视。用情动理论来讨论隔代照料，能够提醒我们意识到隔代照料的重要性，帮助我们重新去思考隔代照料的价值。

二、我国社会福利水平较低

(一)社会福利制度发展滞后

改革开放以来，中国社会保障制度的发展得到了社会各界的大力支持，取得了可喜的成绩，并基本形成了以社会救助制度为基础、社会保险制度为核心、社会福利和社会慈善事业为补充的社会保障发展体系。随着经济文化的发展，社会保障制度的结构体系逐步完善并已成为中国社会保障制度发展的核心。从党的十七大提出"加快推进以改善民生为重点的社会建设"以来，中国的社会福利制度作为中国社会保障体系的重要组成部分，虽然取得了很大进步但仍然严重落后于社会保险、社会救助等部门的发展，并且由于前期规划的局限性，我国社会福利制度呈现出分类繁杂且功能异化的特点，制度的结构发展滞后于制度的内容建设，这严重影响了社会福利制度整体功能的发挥。

(二)儿童福利发展水平不高

虽然改革开放以来，我国经济水平有了很大的发展，但我国仍然处于并将长期处于社会主义初级阶段，整个社会的福利水平都比较低。目前，我国并没有强大的支付能力去支撑高水平的儿童福利制度建设。虽然国家已经意识到隔代照料对儿童福利和社会福利的增进作用，但仍受到多方面条件的限制，始终不能让隔代照料突破家庭福利的范畴，把它上升到社会公共事务层面来讨论它所创造的社会价值。目前我国对隔代照料的支持政策仍处于空白状态，因社会整体福利水平有限，我国对隔代照料的发展仍缺乏合理的财政支持，并没有出台与隔代照料服务相关的补贴政策。

三、政策发展滞后于社会发展进程

(一)政策的迭代升级不及时

受到长期以"经济建设为中心"的发展理念的影响，我国的社会福利发展政策一直处于与经济发展不适应的滞后状态甚至是空白状态。依照目前我国对隔代照料服务的需求来看，已经能看到社会福利政策落后于计划生育政策的发展的端倪。国家鼓励家庭生育两个孩子，却没有出台相应的儿童照料政策来支持儿童照料，解决家庭面临的儿童照料问题，单凭家庭内部力量协调来实现隔代照料的长期健康发展已不太现实，国家亟须根据生育政策的调整和人口结构的变化，出台相应政策来鼓励和支持隔代照料的发展。

(二)家庭政策发展不充足

我国一直重视儿童的发展，强调儿童是祖国的未来，民族的希望，是实现中国梦的人力资源保障。但我国尚未把对儿童的关注落实到具体的政策制度建设中来，并未形成以儿童福利为中心、支持隔代照料的家庭政策体系。目前，与隔代照料相关的政策分散在老年人养老保险政策、医疗保障政策、儿童福利保障制度、社会救助制度等多部门法律制度中，呈现出明显的碎片化。一方面是多部门政策的对象比较分散，不利于隔代照料支持政策的系统化建设，而且没有专门针对隔代照料的家庭政策安排，稍微与之相关的支持多以经济补贴的方式体现，方式比较单一且缺乏针对性。加上多年以来，我国的社会政策多把个人作为政策对象，注重个人福利的建设，使得在某些情况下，家庭反而成为个人获得政府福利支持的障碍，再加上缺乏政策制定的透明程序和对政策执行的有效评估，导致许多政策对家庭本身造成了负面影响而无法及时弥补。

第六章 国外隔代照料政策支持实践
与经验借鉴

社会福利思想专注于社会福利的产生与分配。在资本主义民主国家的群体中，各国对福利的关注存在明显的差别，即使是基于同样的福利目标，所提供的福利种类也有质的不同，其选择偏爱和受重视的程度会有所差异。家庭是满足儿童照料需求及预防社会问题最有效的切入点。关于隔代照料的政策考量大多是嵌入儿童福利导向的众多家庭政策之中，建立完善的家庭政策是发达国家的普遍实践做法，取得了良好的社会效果。本章将从不同的福利视角出发，梳理社会福利思想的起源、发展和秉承的价值理念，审视不同福利制度的典型国家对隔代照料的政策制度安排及取得的成效和存在的不足，以期在全面分析的基础上得到一些有启示意义的经验和好的做法借鉴。

第一节 不同福利观下的隔代照料

国家福利制度安排受福利思想的影响，继而形成不同的福利体系，在不同国家的福利制度下，对隔代照料的认知存在差异，隔代照料发挥的作用可能也会不同。不同的福利体制选择，意味着发展道路的根本分歧，集中体现为：隔代照料政策支持背后筹资负担主体选择；不同形式的儿童照料方式安排带来的成本支出；国家、市场、家庭和个人在文化和价值选择背景下的经济社会效应等。每个国家的政策框架与其经济文化结构有关，每种制度的出台都有其特定的历史文化背景，福利制度决定了家庭政策尤其是隔代照料支持政策的框架和特征，并且影响其改革进程。

各国隔代照料的状况首先取决于各国社会的代际关系模式、社会资本网络的特点①。不同的福利体制会采取不同政策措施，在隔代照料政策支持的实践中，国家在具体的实施过程中也不一定只选择一种政策，而是政策组合。由于不同国家与地区在制度和文化传统上的差异，以及在现代化发展序列不同阶段的人们对家庭的功能和界限的理解也不尽相同，因此嵌入"家庭政策"中的隔代照料政策支持实践不尽相同，各有主张。政策的不同模式和类型，都与其背后公开或隐藏的价值立场密切相关，同时使我们了解其他国家处理隔代照料问题的思路，以便进行国际的比较。本节主要论述不同福利观下的隔代照料，同时将分别选取美国、挪威、德国和意大利四个典型国家——对应四种社会福利体制进行针对性分析研究。

一、自由主义福利观下的隔代照料

自由主义福利思想以自由作为主要政治价值的一系列思想流派的集合，包括古典经济学的福利思想、功利主义的福利思想和西斯蒙第的福利思想等，代表人物有洛克、边沁、斯密、穆勒、哈耶克等，以个人主义、个人自由为核心。自由主义从理论的高度论证了国家与个人之间的关系，强调国家在维护个人需要、保障社会经济秩序方面的重要性，逐渐成为官方政策制定的重要理论基础，其在社会福利中的倡导和安排形成了独特的自由主义福利体制。

（一）自由主义福利体制的形成与发展

自由主义福利体制起源于英国在《济贫法》中对贫困群体的制度安排，在进一步的制度变革中不断优化了政府与市场、国家与个人的边界，逐渐形成了以有限的社会保险计划、有限的普遍性转移和"家计调查"基础上的社会救助占据主要支配地位的社会福利体制。主张实现社会福利的途径为"自由竞争—个人利益—国民财富—社会福利"的"个人负责"模式，坚持"市场优化"原则，强调"市场竞争"机制，而社会福利主要提供给收入水平较低或者要依赖国家救济的特殊

---

① 林卡，李骅. 隔代照顾研究述评及其政策讨论[J]. 浙江大学学报（人文社会科学版），2018（4）.

困难者，福利的领取资格要经过前置审查程序，有一定的标准界限划分，监管较严格。由此，在自由主义福利体制下，福利的享受者很多情况下带着"社会烙印"的身份识别，且福利的给付水平也十分有限，基本只能维持目标群体的基本生存生活需求。

在自由主义福利思想的影响与福利体制的安排下，旨在增加家庭福利与儿童福利抑或女性就业福利的家庭政策呈现出明显的"残补式"特征，即坚持以"家计调查"为基础的社会福利供给，为在标准线之下的目标群体实现"补余"加持而达到适宜状态。家庭政策主张"去家庭化"，即家庭的福利提供被国家或市场分担。在家庭照料方面的"去家庭化"则表现为一般经由市场的托幼服务来提供儿童照料服务，"去家庭化"的程度越高，表示个人对家庭的依赖程度越低，同时也使家庭成员(特别是女性)不用承担过多的家庭照料责任。

(二)典型国家的隔代照料政策支持实践

自由主义福利观下的代表国家主要有美国、英国、加拿大和日本等，在此处主要择取美国有关隔代照料的政策支持实践来做对比分析。

美国社会有着根深蒂固的"自由主义取向"，坚持认为市场能提供最主要和最有效的福利资源。在成熟的市场条件下，市场机制在大多数情况下是非常奏效的，虽然市场机制会产生"优胜劣汰"的效果加剧个人之间的收入差距，不利于市场上的所有个体都均衡地增进自身福利，但竞争的存在能够适应经济发展的波动周期，抑制长期失业并积极促进就业，既而增进整个社会福祉。自由主义的政治经济思想影响了美国的福利观，也形成了美国特色的自由主义福利体制：国家的公共干预只有在家庭和市场失灵或瓦解后才能适度使用。由此，美国绝大多数有儿童照料需求的家庭是可以通过市场机制从社会获取妥善的儿童照料服务，家庭内部照料的压力较小，代际转移的隔代照料压力也不大，更多时候是家庭成员之间维系感情的互动需求和应急需要。国家对生育保障、女性就业、社会托幼、老年人福利等方面有较为具体的政策规定，而对家庭视域自发却不是很显性的隔代照料所提供的正式政策支持力度较小，大多体现在公共援助和信息平台建设的公共服务中。

美国于 1993 年出台了"家庭医疗假法"（Family and Medical Leave Act,

FMLA)，为有儿童照料责任的员工提供带薪休假。于 2000 年成立全国家庭照顾者支持计划(NFCSP)，目的是使各州能够提供有关身体健康和福利、财政和法律援助、心理健康咨询和支持团体服务的各种支持服务，并改善对这些服务访问的渠道和可及性，提高服务效率与专业性。同时，一些公共福利计划也可以通过提供经济援助和医疗保险、17 岁及以下儿童的社会保障福利(老年幸存者和残疾保险)、TANF、医疗补助和儿童健康保险计划(称为 CHIPS)(Biscarr，2002)来帮助祖父母照料者，其中美国退休人员协会(AARP)的"祖父母信息中心"维护着祖父母支持团体的国家级数据库的运营，为祖父母照料者提供情感、法律和经济需求的在线帮助。除此之外，美国还成立了众多支持团体基金项目，其支持小组可以帮助有监护权的祖父母成功地应对他们的新角色。例如，在《收养和安全家庭法》的法律指导下，2000 年通过了经由几代人联合创建的 KinNet 项目，为正式寄养系统中的祖父母照料者建立了一个全国支持小组网络。再如，布鲁克代尔基金会作为父母计划基金的示范项目，在丰富翔实的信息资料基础上直接扩展到支持祖父母照料者和他们的孙辈。

二、社会民主主义福利观下的隔代照料

社会民主主义是在对资本主义社会发展出现弊端时的批判和探索中逐渐形成的理论，提出了改良社会和消除社会不平等的社会福利观点。社会民主主义福利思想进一步阐述了以人为中心的"自由"价值和维度，认为人要真正地达到自由状态，需要由社会提供一些必要的保障条件，才能使国家中的每个公民都能拥有教育、就业和社会保障等平等权益，创造政治、经济与文化的平等社会条件。社会民主主义福利思想的基本价值观是普遍主义和平等主义，1942 年英国社会改良过程中形成的《贝弗里奇报告》可视为社会民主主义福利的"宣言书"，其后凯恩斯的著作《就业、利息和货币通论》中也有充分的社会民主主义福利思想的论述。

(一)社会民主主义福利体制的形成与发展

在社会民主主义福利思想的指导下，社会福利供给和增进的实践形成了社会民主主义福利体制。社会民主主义福利体制的形成始于普遍的"公民权"原则，

即相对自由主义"先行资格认证"和"残补"式的特征而言，能否获得社会福利供给与个人的现实需求、所处的阶层状况以及是否实现就业等内容无关，而取决于是否为本国的公民资格(包括移民取得长期居住资格)的确认，即社会福利建立在公民权或居住权的基础上。由此，社会民主主义福利体制强调和推崇自由、平等、民主的社会福利观，逐渐形成了以国家性、普遍主义和平等性为取向的福利供给制度，福利服务主要由国家而不是非营利机构或私人企业提供，其福利特点为：广覆盖、高福利、政府负担。

(二)典型国家的隔代照料政策支持实践

社会民主主义福利体制遵循"普遍"原则，其福利享受以公民资格为条件，主要包括挪威和瑞典等斯堪的纳维亚系的国家。此处将着重介绍挪威这一典型国家在隔代照料政策支持方面的实践。

挪威是福利国家的典型代表，基本上建立起了"从摇篮到坟墓"的一系列、多方位、高水准的福利保障项目。这种福利体制和制度框架决定了处理家庭视域问题的家庭政策具有较强的普遍性和公共性，政府的公共财政承担了绝大部分"照料分担"的费用支出，国民把从国家获取家庭照料支持视为一种基本权力。也就是说传统的家庭活动很大程度上依赖于公共机构提供的育儿照料服务，同样对家庭内部的"隔代照料"刚性需求可能不是很强烈，只有在父母偶尔有需求的时候才会"搭把手"。由此，挪威有着较健全的以"子女"为单位的家庭补贴制度和经济支持政策体系，包括家庭津贴、子女津贴、单亲津贴、生育津贴等，且对年收入低于一定标准的低收入家庭给予补贴。挪威还有完善的社会托幼服务体系，早在1900年挪威议会就通过了《儿童保护法》，通过法律的形式保障儿童的福利和权利，福利覆盖范围广泛，待遇给付水平高，基本上覆盖了比较完善的国家所能提供的优化儿童照料和各主体人群福利增进的服务或津贴政策。因此，隔代照料在挪威没有成为一个热门关注的问题，基本融入较为完善的家庭托幼配套服务、育儿权益保障以及家庭服务政策之中。

三、保守主义福利观下的隔代照料

19世纪70年代，新保守主义在凯恩斯主义陷入困顿之后迎来了社会改革的浪潮，各国都开始了基于本国的社会改革创新。其中以哈耶克为代表的新保守主义倡导的社会福利改革提倡市场竞争和有选择的社会保障制度，强调公民权利与阶级和地位相联系。

(一)保守主义福利体制的形成与发展

在保守主义福利思想的影响下，保守主义福利体制的特点表现为社会权力的资格以工作业绩为计算基础，公民的概念基于工作安排，即以参与劳动市场和社会保障缴费记录为前提条件。相比就业人权的福利保障，没有实现有效就业的人群想要获得维持生活生产所必需的社会福利就只能依赖政府提供的水平较低且又与"家计调查"相挂钩的社会救助，类似自由主义福利思想下的社会福利理念，区别不同之处在于前者着重依靠就业关系，以社会保险制度为核心，而后者主要是依靠市场的自由竞争关系，以市场供给的方式分散各种潜在的社会风险。如此，保守主义福利体制在再分配过程中，注重水平横向(就业者之间)的而不是垂直纵向(不同阶层群体之间)的收入再分配关系，福利制度和项目的提供是有选择性的，主要覆盖核心为劳动者，强调建立起国家、企业和个人之间多方主体相互协调的责任分担机制。

如此，保守主义福利体制在家庭视域问题的考量过程中坚持"家庭中心"的观点，主张"家庭主义"，强调每个独立的个体都对自己的家庭负有责任，国家只提供基于就业市场领域的劳动权益保护，而不是制定偏向家庭化的政策，认为偏向家庭化的些许政策可能会强化人们对"家庭"的依赖，增加家庭支出、负担和照料等的压力，还可能从另一个侧面加剧家庭中的女性在"家庭—工作"之间角色冲突的困境程度，不利于解放女性走向劳动力市场。但事实上，由于儿童照料本来就是一项劳动密集型和时间消耗型事务，以就业为基础的社会福利保障体制反过来加剧了家庭照料的负担，把养育孩童的事务更加集聚在家庭视域之下来优化分解。为此，在社会托幼资源稀缺(包括市场托幼和社会托幼)的情况下，以就业为保障的福利供给机制又缺乏对儿童照料事宜的考量，继而使得隔代照料在保守主义福利体制下更为流行，祖父母将在照料儿童方面扮演着重要的角色。这与 Herlofson 和 Hagestad (2012)的观点一致，他们认为在社会民主国家，祖父母是父母的帮手，而在地中海(保守主义)国家，他们是孙子女的帮手。

（二）典型国家的隔代照料政策支持实践

保守主义福利制度最初产生在德国，在德国长期发展的实践以后扩展到整个欧洲大陆，目前包括法国、奥地利等国家都是保守主义福利体制国家的践行者。此处选择发源地德国来进行深入的研究剖析。

德国国家提供的福利相当优厚，但是受保守主义福利体制的影响，德国的传统福利制度以就业为特征的社会保险制度为核心，福利覆盖范围相对较窄。但是受到天主教的影响，德国非常注重家庭功能的发挥，在联邦德国成立时就在宪法中明确规定"婚姻及家庭受到国家的特别保障"，专门成立了家庭部（Family Ministry of Federal Government）负责协调保证家庭利益和家庭功能的良好运行。德国在生育支持、育儿保障和隔代照料方面有如下政策：

一是基于就业的育儿津贴制度。包含儿童津贴、联邦父母津贴、联邦儿童看护津贴和生育保险金等政策。

二是较为慷慨的育儿假。为了保障职业妇女怀孕期间的健康权，德国在保障就业权益的基础上设有产假和父母假等时间亲职福利，并不断地根据变化了的社会实践基础上做出适时调整，父母育儿假由最初的 10 个月延长到 36 个月，假期补助的领取期限也由 10 个月延长到 24 个月。父母双方可共同休育儿假，但前提是父母应该自己照顾及教育孩子并与孩子共同生活。除此之外，在养育 3 岁内婴幼儿的家庭还可以在"家庭内"共享育儿假，享受主体包括亲生父母、养父母、祖父母以及亲生父母的亲戚等，但是要具备一定的条件。比如新生儿父母死亡、残疾，或是患有重大疾病的，父母可以将育儿假转移给祖父母，且工作的祖父母有权在紧急情况下最多享受十天带薪假期来照顾孙子。

四、混合福利观下的隔代照料

混合福利观来源于福利多元主义思想，认为能提供社会福利主体的不仅仅是单独的政府、市场或者家庭，不同的主体之间可以相互配合，共同提供改进社会整体福利的供给水平。其中，家庭是原初的福利提供者；社区和非营利性组织是社会力量的福利提供者；政府是主导性的提供者；市场则是竞争性提供者。混合福利观强调家庭、社区、政府和市场的社会福利功能，强调政府对市场进行适度干预,弥补市场调节的不足,保证社会公平和经济效率。

(一)混合福利体制的形成与发展

混合福利体制总的来说是在福利多元主义思想的影响下而形成,在实践路径上则主要为综合德国保守主义福利观和英国自由主义福利观的双重选择,既有"残补"性的福利取向,致力于为弱势群体提供必要的社会保护,又推行"普遍"性的社会服务,以确保公民的社会平等。[①] 混合福利体制认为,政府直接供给福利不是最有效及成本最小的福利干预方式,而应充分把福利供给交给家庭、社区、非营利性组织及市场等主体,国家只需要通过制定法律、颁布管理条例等方式来实现干预和监管,并在一定程度上视情况而定给予福利供给主体提供投资或补贴,以保证服务需求者以无偿或以低价获得相应的福利给付或社会服务。混合福利体制的特征取决于国家、市场、家庭和志愿组织四者之间的均衡关系,呈现出的不同倾向会导致福利供给的国别差异。由此,混合福利体制主张与"家庭化"相对的"再家庭化"路径,旨在通过对家庭的干预来强化家庭的照料功能,常见于儿童、老人等照料政策领域,其政策有时间权力、照料津贴、照顾津贴转移(如现金和税收减免)、照顾的附加社会权利(如个人年金权或其他社会安全给付资格)等。

(二)典型国家的隔代照料政策支持实践

混合福利体制的国家没有很明显的特征属性,随着社会变革和改良的深入,很多国家或多或少在实践中采取了多样化的政策组合,从以前较单一的福利供给模式转变为综合性的供给模式。因此,此处选择欧洲中部的意大利来作为混合福利体制的典型国家代表来论述,尽管很多时刻意大利被划为保守主义阵营。

意大利意识到祖父母不管是在过去的发展历程还是现在的客观实践基础上一直都是职业女性育儿的主要支持来源之一,政府积极推动代际支持和代际互换的政策,将其作为一项政策来帮助女性调和家庭和工作之间的矛盾。针对孙子女在一岁时主要依赖母亲较多,而隔代照料的参与程度明显较少,与其他欧洲国家相

---

① 李晓鹤.长期护理制度模式与选择研究[D].武汉:武汉大学,2015.

比，意大利规定父母(主要是母亲)可以享受更长的产假。根据国家福利研究所(INPS)的数据，母亲的强制性产假可以在分娩后延长 4 个月；母亲还可以受益于减少母乳喂养的工作时间 3 个月。除此之外，意大利儿童进入幼儿园的年龄是 3 个月，因此母亲们在孩子第一年就可以利用所有可能的假期来弥补幼儿照料，且在返回工作岗位时能有效获得社会托幼服务的支持。

第二节 西方隔代照料政策支持的经验与启示

通过由不同福利思想出发而形成的国家福利体制对社会福利的安排与隔代照料的认知，典型国家在儿童照料、女性就业、家庭政策等方面取得诸多积极成效，表现为均建立起以"儿童福利"为中心的家庭福利政策，且政策具有多样化的特点(包含经济支持政策、亲职福利政策、家庭托幼配套服务政策等)，政策精准性高，为不同人群的需求提供了多样化的支持服务。具体对于隔代照料的政策安排实践而言，为照料提供者参与社会活动和健康等做出政策安排，通过各种社会支持政策来提高老年人参与隔代照料的频率并降低强度，使隔代照料取得积极成效对我国现阶段探索隔代照料支持政策有很大值得参考和借鉴的意义。

一、不同福利体制下的隔代照料成果与经验

不同的福利体制对隔代照料的观念看法及政策安排都有所差异，且隔代照料事实在社会、国家、家庭和个体之间所起到的作用也有所不同。

首先，自由主义福利体制下主要由引入的市场机制主导，国家在家庭和市场失灵后介入，其本质仍是对无法实现生存发展权的家庭进行救助，是明显的"补缺型"模式，然而，我国市场经济环境条件还不是很成熟，全依靠市场机制提供福利还不大可行。但可以总结市场机制在分散家庭风险方面的有效性，和欧洲国家相比，美国的自由主义福利制度具有较强的灵活性，财政支持压力较小，劳动力市场发展充满活力。

其次，社会民主主义福利体制下采取的是由国家完全负责的模式，但这一模式的经济基础来源于"纳税人"的高税收，为儿童照料提供了完善的政府公共支持网络，有效地缓解了家庭照料的压力，且丰富的儿童福利、老年人福利以及工

作家庭福利，使隔代照料的提供者及儿童受众都能处于较高的福利水平中，获得感和幸福感较强，隔代照料可以被看作是帮助父母育儿的一种辅助方式。但另一个事实是，高税收支撑的高福利水平很大程度上使国家陷入"福利陷阱"，财政支出压力剧增，且完善的育儿保障好像与"高生育率"刺激并没有很强的必然因果联系。我国必须要考虑现阶段的发展特征，社会民主主义福利模式虽然与我国的现实经济社会环境不太相适应，但在对儿童福利、老年人福利增进的制度设计和福利供给方式以及监管上值得学习。

再次，保守主义福利体制下主要强调家庭的内化责任，这虽然与我国传统以来注重以血脉维系的家庭关系以及家庭价值观一脉相承，突出了"家庭"是儿童福利供给和接收福利的主要场所，但缺乏对家庭结构变迁的现实因素考量。随着社会经济的发展变化，家庭及家庭结构也相应地发生了很大的转变，逐渐在应对繁杂的社会事务和风险过程中呈现出"式弱"的趋向，家庭保障的内生性弱，需要社会系统的支持。因此，在有效借鉴家庭取向对儿童照料的优势做法的基础上，适时出台隔代照料政策支持有利于打破贫困和社会不平等的代际循环，同时对男女机会平等、劳动力市场、人口可持续发展以及福利制度改革大有裨益。

最后，混合福利体制下的福利供给提倡多元主体的福利供给模式。在隔代照料的议题中充分联合了家庭、国家、市场和志愿组织之间的互动配合，取得不错的社会成效，有利于家庭或个人减少对政府正式福利的依赖性，也有利于众多社会主体融入社会环境系统，更好地参与社会活动。但如何激励各种社会力量，引领社会资源聚集到为家庭领域分担压力，缓解隔代照料的刚性需求，将成为政策设计要突破的技术性问题，更需要不断的基础调研和总结经验，提高针对性与时效性。

二、国外隔代照料支持实践对中国的启示

由于体制机制和家庭观念的差异，隔代照料在不同的福利体制国家的价值功能、社会贡献及其制度安排都有所不同。中国长久的儒家文化传统及家庭价值观导向可能在传统家庭自我保障中会更有优势，但隔代照料突破私领域事务进入到公共政策的关注议题中，就非常需要现代、科学、有效的福利制度安排规划。相比较而言，福利国家及先发达国家有比较健全的法制基础、多样化的政策工具组

合和多样的补贴支持内容能适时地处理国家、市场、家庭和个人之间的关系，对我国隔代照料的政策安排有一定的借鉴意义。

(一)观念是构建隔代照料支持政策的先导

在传统的社会治理范式中，儿童照料的具体事宜被视为家务事而在家庭内部自发形成分工与合作，凸显了儒家家庭价值观的聚合力量。如今在社会经济加速转型的新时期，个体、家庭、国家、社会之间的关系皆发生着潜移默化的变革，也在寻找着重新构建的渠道。隔代照料的主题研究及出台相关支持政策的呼吁，必须先要在理念认知和价值观层面上达成有效统一，解决"国家应不应该干预隔代照料"的前置问题。如此，观念是构建隔代照料支持政策的先导，从公共政策层面来关注"隔代照料"问题，由政府来主导为其提供社会化的服务支持，是规范政府与家庭的关系，明晰家庭在福利体制中的角色和位置的重要举措。观念先行就是在隔代照料中要怎样具体把握和处理国家、家庭、个人之间的边界关系，倡导社会支持隔代照料。

一是要合理确定国家与家庭的公私边界。在不同福利观念的指导下，我们知道国家和家庭这两个主体在承担儿童照料服务方面有角色、责任以及程度的分担组合，由此衍生的社会公共政策在家庭领域事务干预和国家社会责任承担方面各有建树。虽然都出台了系列以增进儿童福利为导向的家庭政策建设，但在家庭功能支持、家庭事务分担的具体时效中有很大的程度差异。因此，制定隔代照料的支持政策时需要首先考虑国家干预家庭事务的正当性及其干预的程度把握，切不可"包揽""统揽"，把原属于家庭私人领域的事务扩大到公共视域去处理，增加了社会治理的成本，也"越俎代庖"削弱了家庭本身的价值功能。

二是要适时把握国家与个人的自由尺度。自由主义福利观主张个人的福祉应该通过市场竞争机制来充分实现，体现个人保障原则；而社会民主福利观主张改善社会总体(包括每个人)的福祉要加强政府供给来实现，体现国家保障原则。如此，在关于家庭事务的处理中又出现了"国家"和"个人"的自由把握之争，不同的观念在家庭政策中呈现出不同的特点。隔代照料支持政策既要防止扩大化的"国家担责"论，又要防止绝对化的"个人至上"论，致力在社会契约的基础上，履行"权力来自公民的授予并对公民负责"，落实权力和责任的严格对应。隔代照料的支持政策是国家层面给予祖辈、子辈、亲辈的具体福利增进，但这并不能替代各主体自己的主观努力及对其他多样化儿童照料方式的选择，充分保障个体的"自我决策"权益。

三是要正确处理个人与家庭的价值之争。隔代照料从实践层面来考量就是视家庭儿童照料之需的一种适时策略。一般情况下，家庭面临儿童照料不可兼得或者儿童照料赤字的挑战时，会从自身所处的实际出发做出不同的应对策，包括：抑制生育意愿、减少生育子女数量；由母亲辞去正式工作回归家庭专门照料，或选择较灵活的就业方式兼顾照料；选择隔代照料，由祖辈提供育儿照料的方式增强家庭的照料能力，平衡家庭—工作冲突；利用社会化的照料服务，如家庭保姆、托幼机构等。由此，祖辈替代父母进行育儿照料看似是有利于家庭发展的家庭决策，但同理也需考量照料者的个体意愿，要从价值引导层面、制度制定层面、实践支持层面回归个体的自主选择权，在隔代照料政策支持中有效践行个人与家庭利益兼顾并实现平衡的价值贡献。

(二) 隔代照料支持政策要与福利体制相适应

福利体制是一个国家在政府、市场、家庭和个人之间不同的制度安排，深受福利思想的影响，众多不同的福利政策构成了不同的福利体系。我国的社会福利体系经过不断的改革和发展，初步形成了与中国特色社会主义发展相适应的福利体制，但总体来说还处于"残补式"的救助型福利体制中，福利水平还不是很高，构建隔代照料的支持政策应充分考虑与我国的福利体制相关，不能脱离实际主观臆想、随意拔高，也不能撇清关系完全甩包袱、放任自流。隔代照料支持政策将会涉及政策对象、政策内容、政策目标、政策结果、政策取向以及政策立场等众多关键要素，要求与本国的社会福利体制相适应是解决"政府干预隔代照料到什么程度的"现实问题。

首先，隔代照料要合理确定保障主体的范围。不同的福利体制下对保障主体的确认有显著的差异性，大致可以分为雇佣关系型、公民关系型和家计调查型。那么，关于隔代照料的制度设计到底是以"救助补缺"为主还是以"适度普惠"为主，将直接影响相关政策的惠及面。一方面，如果政策惠及面太窄，很大程度上会限制所要想获取政策支持的刚需群体及边缘性群体的可及性渠道；另一方面，而若惠及面太过宽泛，又会将有限的资源分散在众多并不是非常需要的群体中，降低了资源的使用效率，同时也将增加社会和政府负担。

其次，隔代照料具体政策的制定要有相适宜的福利水平。整个国家的福利水平与社会经济发展程度密切相关，同时也要与制度目标相适应，不可过分拔高，亦不可太低。隔代照料的支持中有经济支持内容，不同的国家根据自身的实际情况，制定出丰富多样的津补贴制度，其中"祖父母的照料补贴"是较为直接有效具体措施，但目前我国的福利水平整体不高，育儿家庭津贴项目都没有很好的实施，就直接提高祖父母的经济支持力度及刺激来说还是缺乏一定的经济物质"土壤"。因此，具体政策的选择和福利水平的高低是隔代照料支持政策建设的主要内容，相关支持政策的力度太小，不利于受众对政策的使用及吸引，而福利水准过高有可能会造成对制度的依赖，同样不利政策运转"轻装上阵"。

最后，隔代照料需要创新多样的服务项目供给。隔代照料是事关众多主体又涉及多维事务的一项综合性活动，既要满足时间上的充足性，又要有经济上的支持、服务上的供给抑或对照料过程中身体健康、心理慰藉、育儿质量、代际关系等具体事宜的指导和帮助，因此，在构建隔代照料支持政策时，既要保障主体内容的供给，还要完善相关的服务创新，如建设可及的信息平台，融合的社区环境等，在总体福利的制度框架下，遵循隔代照料活动的内生发展及外生促进规律，创新多样的支持项目，避免政策和服务"盲区"。

(三)隔代照料要坚持多样化的政策工具组合

政策工具就是为了达成相关政策目标而实施的具体手段。政策工具的选择就进入了"政府如何对隔代照料进行干预的"现实问题。在政府公共治理中，由于不同的视角和领域需求，政策工具有很多类型，从对政策受众的约束力程度来看，可以分为自愿性工具、强制性工具以及混合性工具；从具体的政策内容来看，又可以分为经济类工具、服务类工具、文化类工具等。每种类型的政策工具都有自身的优势及独有的功能，政策制定者要在"目标"的指引下，适时选择，发挥政策工具的最大效力。

通过系统梳理及实践回顾，构建隔代照料支持政策所涉及的政策工具包括带薪或不带薪的亲职假、儿童照料社会服务支持、社会化托幼服务、家庭育儿津贴、税收补贴、税收抵免等多种方式。如果政策工具的形式较为单一,所起的效果也会不太理想,且没有多维政策的辅助,长期稳定向好的政策效用也相应较弱,因此,需要在诸多政策工具中,选择合适的且可以适当组合的政策工具搭档,打好"组合拳",实现完美组合,形成隔代照料支持政策网,发挥正向引领的强大作用。

另外,在隔代照料具体的政策工具中也要有所取舍和权衡。如,作为儿童福利制度的主要内容,家庭补贴制度在很多国家已经是司空见惯,并发挥了积极的社会功能,其发展经验、规律和模式值得我国借鉴,但在选择隔代照料经济支持、亲职假福利、家庭补贴的政策工具选择时还要根据本国具体国情进行科学论证。

第七章 我国隔代照料政策支持体系的构建

　　尽管我国隔代照料的历史源远流长，但我国隔代照料的支持政策发展尚处于起步阶段，社会各界对隔代照料的支持政策认知仍存在明显的地域、城乡差异。当前，我国隔代照料政策支持体系的构建和实践尚有广阔的发展空间。其实，随着我国经济进入新常态，人们应该认识到社会政策对隔代照料的支持不光能解决当前家庭面临的儿童照料的困境，它还能够保护儿童权利、提供老年人的养老生活质量、促进家庭与工作平衡，缓解人口再生产的压力。党的十九大报告指出，建设人民美好生活，不光要满足人民的物质文化需求，还要在公共服务、公平正义、民主安全的社会环境建设中下功夫。要想提高人民的生活满意度，就必须要探索建立一套符合中国国情发展的中国特色社会制度体系。隔代照料作为在社会公共托幼服务供应不足情况下的补充安排，随着"全面二孩"政策的实施，其显现出的现实困境及其支持政策的缺失，不仅直接影响到儿童的健康成长、老年人的养老质量、女性的就业与发展、家庭事务的分工与合作等日常生活，同时也会影响到生育新政能否按计划落地、人口生态平衡、社会结构老龄化、市场劳动力参与率等经济社会文化的方方面面。随着我国家庭人口规模、居住形式、成员结构的变化，决策者应该认清当前中国和世界发展大势，及时摒弃传统观念的影响，认真剖析新常态下我国经济社会、自然环境与人口发展之间的辩证关系，正确看待并积极应对当前在儿童照料方面需求过大与供给不足之间的矛盾，争取在得到国家政策支持的基础上合理分配儿童照料责任，有效开发老年人的动态人口红利，让隔代照料政策紧跟儿童照料供需市场的发展步伐，有效提升家庭的儿童照料能力，从而提升我国的人口生育率，增加社会劳动力，维持经济文化的健康可持续发展。

第一节　隔代照料政策支持体系的价值理念、
原则与总体架构

一、隔代照料政策支持体系的价值理念

建构一项社会政策，其价值理念起着核心导向作用。在勾画隔代照料政策支持体系之初，就必须首先充分认识隔代照料支持政策的价值和作用，明确隔代照料目前面临的现实困境，体现支持政策对隔代照料现实困境的防范与应对，将平衡儿童、老人、家庭三者的福利需求纳入构建隔代照料政策支持体系的评估指标，确保它是一套规范的、有保障的、可持续的政策体系，有效解决现阶段隔代照料需求与供给的矛盾，避免因政策失灵而产生的不必要的福利损失。构建隔代照料政策支持体系不仅仅是出台几项政策的简单问题，离开了儿童、老人、家庭任何一方谈隔代照料的政策支持，都是失之偏颇的。如何在目前有限的资源环境里，制定一套切实可行的隔代照料政策支持体系，需要综合考量儿童的照料需求、老人能够提供服务的内容和时长、家庭在劳动时间和闲暇时间的安排与配置，以及社会和政府对隔代照料问题的关注和应对态度，关键在于从政策制定层面反思政府对家庭的责任与态度。过去，受经济文化条件的影响和限制，政府对隔代照料鲜有支持，认为它是祖父母个人的选择，应该在家庭内部自行解决。随着经济全球化趋势的发展和西方福利主义思想的影响，我国政府逐渐意识到养育儿童不再是简单的家事，它与人口出生率、劳动力供给、儿童教育、养老保障、家庭发展等方面都密切相关。加上国家长时间施行计划生育政策对出生人口的严格控制，我国家庭结构呈现的 421 核心化特征，单纯依靠家庭成员自主实现代际互助的儿童照料模式早已不能满足现代家庭的儿童照料需求，我国家庭亟须政府通过公共政策的发展对隔代照料提供必要的支持。

(一) 坚持儿童利益最大化

儿童是隔代照料的直接作用对象。《儿童权利公约》指出政府应该为儿童的健康成长创设良好条件，只要是涉及儿童的行为和服务，都应该义不容辞地坚持

儿童利益最大化。①《中国儿童发展纲要(2011—2020年)》也提出儿童发展应遵循儿童利益优先的原则，要将儿童看作拥有独立权利的主体，尽一切可能实现儿童利益最大化。因此，在制定隔代照料支持政策时，首先要以儿童利益最大化为出发点。我国的儿童福利议题常常处于社会福利研究的边缘，不仅仅是受到传统文化的影响，认为照料儿童是家庭内部事物，同时也与我国对儿童福利的公共财政支持十分有限有关。特别是在隔代照料这个话语情景下，人们更容易注意到照料者创造的价值和他们可能承受的福利损失，至于接受照料服务的儿童，他们的权利好像并未受到大众广泛关注。事实上，我们应该意识到隔代照料的出现，本质上是因为儿童照料资源的缺失或不足，儿童本应得到照料的权利受到了损害，照料者在社会公共资源不足的情况下，为了弥补这一损失，才发出隔代照料这一行为。隔代照料政策支持的直接目的在于改善儿童的照料现状，同时兼顾照料者、父母、家庭的福利，最终达到幼有所育的目的。隔代照料拓宽了儿童福利的研究视角，儿童福利的损失应该作为制定隔代照料支持政策的首要评估要素，以期在有限的资源环境下，让隔代照料支持政策效率最大化。

当前，在隔代照料的研究领域，存在女性福利视角、老年人福利视角和儿童福利视角三种不同的研究视角，它们的福利主张和价值差异各有侧重，如表7-1所示。作为隔代照料的受益方之一，不少女性的确因为隔代照料服务，缓解了她们在劳动力市场、家庭关系中面临的压力，但是大多数女性的福利损失会随着儿童年龄的增长呈现逐渐递减趋势，所以学界对隔代照料是否应该站在女性福利视角的基础上研究这个问题的争议并不是很大。假如像某些学者提出的那样，隔代照料的支持政策应该从照料者的福利主张出发，其实是倒置了隔代照料的价值主体，依此制定出的隔代照料支持政策必然是不合适的。因为隔代照料最大的受益群体是儿童，我们应该想方设法去维护儿童的利益，而不能因为老年人是隔代照料服务的供给者，就把老年人的福利凌驾于儿童福利之上，这不管是从解决当前隔代照料面临的现实问题，还是从家庭社会的长远发展来说都是不可取的。只有从儿童福利视角出发，才能真正地追本溯源，回答儿童需要什么样的服务，社会

---

① 儿童权利公约[EB/OL]. [2023-10-31]. http://baike. so. com/doc/5567649-5782795. html/2017-1-5.

和家庭应该怎样为儿童提供服务这一根本问题。所以，隔代照料支持政策体系的构建要站在儿童发展的立场上，把儿童福利作为政策评估的前提，注重不同年龄阶段和不同家庭状况儿童的需求与发展，尽最大努力实现"幼有所育"，满足每位儿童的照料需求，致力于构建以"儿童利益最大化"为首要价值目标的隔代照料政策支持体系。在强调父母是儿童第一抚育人理念，杜绝成年子女只生不养，转嫁照料责任的不良现象发生的同时，还要时刻关注儿童的照料需求和福利损失，注重照料服务的内容建设，不断提高隔代照料的质量和效率。

表 7-1 隔代照料研究的三种不同视角

	女性福利视角	老年福利视角	儿童福利视角
解决问题	女性如何充分利用或获取隔代照料	老年人参与隔代照料过程中的所面临的困境及损失	儿童照料不充足、不完善、不科学的问题
政策目标	缓解女性的照料压力，实现家庭与工作平衡	激发老年人力资源，丰富老年生活，保障老年人权益	提高育儿质量，为儿童早期发展构建良好环境
政策对象	养育儿童的母亲	供给隔代照料的老年人	儿童自身

(二) 坚持老年人权益保障

隔代照料服务的供给主体为老年祖父母，保障老年人的切身权益是隔代照料得以良性可持续运行的初始起点。隔代照料行为不管是基于"儿童照料赤字"的现实约束还是老年人积极主动融入的切实选择，都不能绕开的话题和重点就是"老年人的福利增进或福利损失"。然而，这一福利的增进或损失并不仅止于单个个体及其家庭的特殊性分析，而应上升到社会公共政策层面来审视逐步突破家庭视域范围内的隔代照料在进入公共政策议题视角后对老年群体或将存在哪些福利损失的隐患，从而从社会层面整体探究隔代照料的参与程度、方式，并寻找可能的路径和方式不断夯实隔代照料过程中对老年照料者的权益保障及增进的可能。

在隔代照料行为分析及其与生育关联机制的探讨过程中，我们发现老年照料者在供给照料服务时存在身体健康风险隐患、心理情感问题困扰、陌生社区融入困难、沉没经济成本以及闲暇时间被侵占等福利损失问题。如果隔代照料是以"牺牲"老年祖辈父母的身体健康、个人养老方式选择与生活质量为代价，则必然达不到补充儿童照料供给、助力女性家庭事业平衡及促进生育新政落地实施的政策目标，也就是说在隔代照料的相关主体中，儿童、育龄青年夫妻、老年照料者三者要找到利益平衡点，实现三方的利益增进，才能释放隔代照料的正外部性效能，与生育决策、生育意愿之间产生较强的关联动机，敦促生育新政生育"二孩"落到实处。如此，隔代照料支持政策在坚持儿童利益最大化及家庭功能导向的同时，还应秉承老年人权益保障的价值理念，只有在照料的过程中切实保障老年人的权益，蓄力"较为丰富"且"积极自愿"的老年人力资源，才能使隔代照料活动得以为继。除此之外，保障老年人的适当权益也是乐养、安养的养老制度体系所倡导的，在融合"用老"的隔代照料活动中，更应把这一理念夯实提升。

(三)坚持家庭功能导向

作为在社会托幼资源不足情况下的一种补充性儿童照料方式，隔代照料的服务范围主要还是局限于家庭内部。家庭是个人发展、民族进步、社会和谐、国家富强的重要基点，是儿童与社会沟通联系的唯一中介，儿童不仅从家庭获得基本物质生活保障，也从家庭获取健康成长的真挚情感支持。家庭作为社会治理体系的基础细胞，具备儿童抚育教育的职能。既然如此，政府为什么要去插手家庭事务呢？因为，在现实生活中，照料儿童所产生的经济支出多由家庭自行承担，很多父母甚至祖父母因为照料儿童而不得不退出劳动力市场，这无疑给经济的可持续发展带来了负面影响，尤其对我国这种以劳动密集型产业为主的国家影响更甚。一方面，照料儿童是每个家庭不可推卸的责任；另一方面，儿童照料者参与劳动力市场，缓解家庭经济困难，是每个公民生存的基本权利，也是维持家庭职能正常运行的根本保证。为了缓解儿童照料分工的角色冲突和稳定劳动力市场的参与率，很多国家对隔代照料的支持广度和力度越来越大。

正如前文所述，隔代照料在我国已有千百年历史，它是我国传统代际文化得以传承的重要载体。祖父母或主动或被动地帮助子女照顾孙子女，是照料成本在家庭内部自我调节的过程，节约了大量社会公共托幼成本，尤其对于我国这种社会托幼资源匮乏、劳动力市场发展与家庭责任分工矛盾突出的发展中国家而言，隔代照料对于缓解人们日益增长的儿童照料需求与社会公共照料服务供给之间的矛盾具有十分重要的现实意义。然而，随着生育新政的全面实行，面对社会公共政策服务支持严重不足的情况，家庭照料儿童的压力明显加大，家庭抗风险能力也逐渐降低，加上家庭问题的发展不仅对家庭内部成员带来不良影响，同时也会对社会的发展产生蝴蝶效应。家庭功能一旦被削弱到无法履行其正常职能时，就会产生一些广泛和深远的社会问题。唯有尽可能帮助有劳动能力的父母参与劳动力市场，同时请尚有余力的祖父母提供隔代照料服务帮助抚养儿童，尽量平衡劳动力市场与家庭责任分工的矛盾，才是保障家庭功能正常运行，社会经济健康发展的有效途径。

为隔代照料提供政策支持，是国家与家庭共同承担儿童照料责任的表现，它能增进家庭整体的福祉，聚合家庭力量与社会公共服务供给，将代际关系融入社会保障当中，把老人、青年、儿童三种不同服务对象整合在家庭之中，突出家庭这一基础社会单位的重要性及其在社会经济政策中的中介传递和受众享受作用，夯实社会保障学科的研究基础。同时它也是在社会公共托幼服务缺位的情况下，国家帮助家庭实现其职能的一种方式，倡导坚持家庭功能导向，一方面关注家庭如何通过成员之间的角色分工与合作对儿童照料做出合理安排；另一方面注重公共政策如何为家庭提供照料资源的支持，以期修复家庭职能，提高家庭内生聚力，增加家庭的抗风险能力，缓解公众对社会化托幼服务的需求。

二、隔代照料政策支持体系的设计原则

公共政策与现实需求的精准匹配是制定社会政策的基本要求，一项政策的出台必须立足现实的微观环境分析、回应现实需求，也要立足社会发展状况、应时而建，不断探索和解决隔代照料政策的可行性要求和时事发展的复杂性之间的矛盾，统筹兼顾需求和供给的有机统一，同时倡导父母是儿童照料第一责任人的生育理念，才能实现和维护隔代照料支持政策的公平和价值。具体而言，政府在构建隔代照料支持政策体系时需把握以下几项原则。

（一）政府首责原则

家庭对隔代照料的需求处于不断的发展变化过程，政府能提供的儿童照料服务的深度和广度影响着家庭对隔代照料的认知和需求。按照政府对民生政策尽力而为的基调，政府在为隔代照料提供政策支持的时候应该首先体现其公共服务职能，遵循政府首责原则。即政府为隔代照料提供政策支持，不能简单地认为这只是政府对有照料需求家庭的一种援助，而应体现政府在面对儿童照料需求和供给矛盾时的公共服务职能，发挥政府在国家制度建设中的治理职责并有效处理家庭与社会矛盾的能力，明确为有隔代照料需求的家庭提供支持帮助就是政府必须做、必须管的事，从而保证家庭成员参与社会活动的基本权利，同时也担起满足隔代照料需求的制度建设的责任。

（二）因地制宜原则

生育新政实行之前，一个家庭通常只有一个孩子，家庭照料儿童的压力并不是很明显。生育新政的实行导致二胎家庭数量急剧上升，这直接影响了家庭照料儿童服务的供给能力。家庭照料儿童能力的下降，必然要求社会公共托幼系统提供更宽泛更细致的服务。二胎家庭数量的上升，家庭照料能力的下降，必然会对社会化儿童照料提出更多的需求。考虑到当前政府的财政支付能力和社会化儿童照料对人力资源的要求，政府很难在短时间内解决这种供需不平衡的现象，那么鼓励和支持家庭儿童照料，合理开发老年人的人才资源成为缓解当前公共资源短缺的不二选择。

（三）社会补偿原则

尽管学界对隔代照料政策支持的看法不同、意见不一，但从西方国家的实践经验看来，很多国家不约而同地在为隔代照料提供财政投入和服务支持。社会补偿是社会保障的一项重要职能，体现了社会对家庭创造的价值的认可，同时也会激励家庭成员创造更多的社会价值。受到市场化和城市化的影响，我国社会托幼服务需求更迫切的家庭集中在农村，而社会托幼服务供给能力却集中体现在城市，这就导致了大多数城市家庭能享受到政府提供的社会托幼服务，而大多数农村家庭享受不到社会托幼服务。当儿童的被照料权或者是父母参与市场劳动的基本权利难以实现，而且仅凭家庭本身的力量不能实现资源互补的情况下，政府应尽可能地为不能享受社会托幼服务的家庭制定相关补偿机制，既维持了社会公平正义，又提高了社会整体福利水平，体现个人、家庭在为社会做贡献的同时，社会也会为他们的福利损失给予一定程度的弥补。

（四）持续发展原则

正如前文所述，我国基于传统孝文化发展的隔代照料历史已久，它所创造的社会价值对我国经济的发展起着不可估量的重要作用，而且依照目前有限的儿童照料资源供给来看，这种社会价值还将继续发挥效用。随着社会公众对隔代照料的高度重视，以及隔代照料与人口再生产、经济社会发展的联系更加紧密，民众对隔代照料支持政策的预期也越来越高。政府在制定隔代照料支持政策时必须妥善安排眼前收益与未来收益，经济发展与人口可持续的辩证关系，既要结合我国目前的治理环境，也要考虑财政未来的发展压力，既要为隔代照料的持续健康扫清障碍，也要避免福利依赖等不良情况出现。

三、隔代照料政策支持体系的总体框架

隔代照料既是一项重要的家庭功能，也是弥补我国社会托幼服务供给不足的有效选择。隔代照料的政策需求是多维立体的，涉及家庭成员结构、老人身体状况、家庭支付能力、城乡区域发展等各个方面。目前制约隔代照料发展的关键因素集中在：第一，我国专门支持隔代照料政策尚处于空白状态。虽然隔代照料这一现象越来越得到我国政府和社会的关注，但截至目前，我国尚未出台任何有关支持隔代照料的制度安排，现阶段的隔代照料仍然还是依靠家庭内部协调分工来实现。也就是说，现在只是拥有政府对隔代照料的关注度，如何督促政府转变执政理念，承认隔代照料的社会价值，把这种关注落实到具体的政策支持上，是现阶段首先需要解决的问题。第二，我国城乡公共资源的供给严重不平衡的现象突出。改革开放以来，随着产业结构调整和生产方式的不断变化，大量劳动力从农村涌入城市，给城市经济文化的发展注入了新鲜血液，与此同时，农村地区受到自然资源、交通条件、人力资本的多重限制，其公共资源不光在自身的改善能力

上，也在国家的扶持供给上都与城市地区产生了明显差距。越有能力的人越往大城市涌，留在农村的大多数是年迈的老人和嗷嗷待哺的儿童，这让农村地区与城市地区的公共资源呈现出两极分化的不平衡态势。

面对新时代社会保障制度的发展目标，我们要想在隔代照料方面建立起完善的支持政策体系，就必须坚持儿童利益最大化和家庭功能导向，强调隔代照料对社会公共托幼的重要补充功能，厘清隔代照料与儿童照料、家庭与工作平衡、老年人养老安排与社会公共托幼体系的辩证关系，明确政策支持的具体内容，突出政策的流程化和体系化，使隔代照料支持政策既能传承我国家庭文化的温度，又能体现政府执政能力的效度。

(一)厘清隔代照料与相关主体之间的辩证关系

就像投篮一样，要想构建隔代照料的政策支持体系，提高隔代照料支持政策的可及性和有效性，就应该明确隔代照料与哪些主体紧密相关，辩证分析并积极协调其中的耦合关系，将与隔代照料相关的各个主体有机统一，在推行和管理过程中实现内在统一和实践融合，推进政府、社会、家庭等多部门的整体性服务供给。

首先，我们应该正确评估隔代照料与儿童照料的内生关系。儿童作为隔代照料的直接作用对象，隔代照料的支持政策必须以儿童福利作为政策评估的基础出发点和最终归属点，不能脱离儿童福利和育儿质量来谈隔代照料，否则就会把隔代照料机械地变成一项义务来完成，而鲜有关注隔代照料的服务质量。

其次，我们应该认识到隔代照料正在改变老年人的养老方式。老年人作为隔代照料服务的供给主体，为孙子女提供日常起居、生活护理，在一定程度上丰富了老年人的养老安排，给老年人的生活增加了很多乐趣。同时，隔代照料无疑增加了老年人的工作量，可能会对老年人的身心健康带来负面影响。那么隔代照料到底对老年人的养老生活有积极作用还是消极作用，这需要结合老年人个体的情况和家庭情况来综合分析。

再次，我们应该充分肯定隔代照料对平衡家庭与工作冲突的积极作用。老年人提供隔代照料，实际上是为成年子女参与劳动力市场提供便利。而成年子女参与社会化劳动，获取经济报酬，为儿童照料和家庭发展提供经济支持，是每个公民最基本的生存权利。隔代照料需求增加与我国尚处于以经济建设为中心的社会主义发展初期密切相关,国家对社会福利制度的扶持力度并不很大,为了维持家庭的经济平衡,成年子女必须外出工作,考虑到社会资源的短缺和照料成本的约束,成年子女不得不向祖辈寻求帮助。当然,在老年人提供隔代照料的过程中,我们也应该注意避免成年子女为了逃避儿童照料的责任而将照料儿童的工作转嫁给祖辈的不良情况出现。

最后,我们应该认识到隔代照料是社会公共托幼体系的有效补充。隔代照料并不能替代社会公共托幼,它只是家庭儿童照料与社会儿童照料相互补充相互促进的一种方式。从社会托幼资源不足带来的影响来看,在生育率低下的社会中,托幼资源不足不仅会制约家庭的生育行为,还会通过家庭关系渠道,阻碍中老年人的劳动供给。因此,由于社会托幼资源不足,很可能在降低人口经济领域生育政策实施效果的同时,阻碍劳动经济领域中老年人劳动市场制度的调整进程。所以,只有加快解决与"入园难""入园贵"相关的社会托幼资源不足问题,降低家庭的托幼成本和对中老年人提供儿童照料的依赖,才能实现"幼有所育"的目标进而促进老龄化进程中经济社会的协调发展。

(二)构建隔代照料政策支持体系的基本框架

在隔代照料政策支持体系的构建过程中,政府起着统筹规划、宣传引导、安排实施的重要作用。根据福利经济学理论,随着我国经济文化的不断发展和GDP的稳步向前态势,国家经济状况越好,国民的社会福利覆盖范围就会越广。值得庆幸的是,隔代照料的社会价值正在被我国政府关注和认可,并且将儿童发展政策也写入了国家"十三五"发展规划之中,但只用了"幼有所育"一句话简单概况,关于隔代照料支持的具体政策还需要进一步规划和深入。"一刀切"的政策设计并不能解决所有家庭面临的儿童照料需求,国家必须综合考量当前我国所处的社会环境、城乡家庭的社会公共资源差异、成年子女的劳动力参与情况、不同年龄阶段儿童的照料需求,不断调整和发展我国与隔代照料相关部门的服务供给,为隔代照料的发展提供良好的社会环境。隔代照料支持政策需要赋能政策、服务政策、舒缓政策、指导政策等多位一体的政策系统,如图7-1所示。以儿童照料质量为核心,以老年人权益发展为基础,以平衡家庭工作为重点,以促进人口可持续发展为目标，消除盲区、公平可及、多维改善。

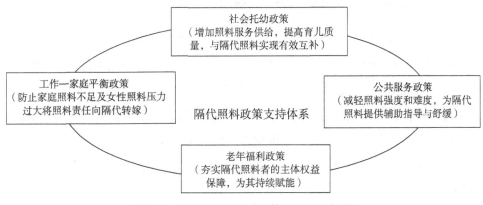

图 7-1　隔代照料政策支持体系的基本框架

　　隔代照料政策支持的构建旨在通过对社会福利制度的建设，增强家庭照料儿童功能的发挥，从而增强家庭的抗风险能力。但在实践过程中，还应该加强政策制定过程的透明度和政策执行过程的评估力度，避免因程序腐败或执行不利影响政策的公信力。对于在政策执行过程中出现的新问题要及时反思，认真整改，力争构建长效的政策支持体系，制定规范的政策治理过程。

第二节　隔代照料政策支持体系的具体内容

　　我国从 2015 年年底开始实施"全面二孩"生育政策至今已经超过四个年头，经过这四年多的探索实践，政府应该提供什么样的政策支持来解决在生育新政背景下产生的隔代照料的问题，是考验当前政府执政能力和社会资源如何优化配置的重要议题。构建隔代照料政策支持体系不同于一般意义上的政策制定，它的落脚点在于支持私领域的家庭儿童照料职能的发挥，来促进公领域的社会公共托幼体系的健全，它的建立对于推动整个社会福利制度的发展都起着至关重要的作用。这就要求政策制定者不仅要借鉴国外先进的经验做法，还要结合我国的历史发展实践和新时代发展时势，紧紧围绕隔代照料支持政策的价值目标、焦聚隔代照料存在的现实困境、直面儿童照料体系的政策盲点，制定出一套切实可行、具体有效的隔代照料支持政策。

一、增加祖父母的"亲职假"权益政策

祖父母有参与隔代照料的意愿、时间和精力对隔代照料的供给能力和供给质量起着至关重要的作用。一方面，随着我国经济社会工业化和城镇化的进程加快，劳动力市场就业率显著提高，从中老年人市场劳动服务供给的角度来看，在不久的将来，祖父母在岗工作的人数和时长都会有所增加。另一方面，按照当前退休年龄逐渐延迟的趋势，置身于劳动力市场的中老年人也将面临工作家庭平衡的问题。这样一来，未来祖父母提供隔代照料服务的能力将呈现下降的发展态势。

我国现行的劳动者休假制度并没有考虑到隔代照料者的需求。有些在职的老年人为了照料孙子女，大多会利用带薪年休假期间提供隔代照料服务。但是，我国的年休假时长较短，一般情况下工作累计 10 年以内，可享受 5 天年休假；工作累计 10 年以上 20 年以下，可享受 10 天年休假；工作累计满 20 年也仅有 15 天年休假，这对于每天都需要照料的儿童来说，并不能满足他们的日常照料需求。而且我国并没有专门的法律法规来指导约束企业执行年休假制度，而且休假期间是否带薪也完全由企业自行决定，这在一定程度上影响了老年人对这项休假制度的选择，带薪年假制度在我国并没有得到广泛落实。有因于此，考虑到我国社会公共照料资源短缺的现实，为了有效缓解家庭儿童照料的压力，继续让隔代照料发挥积极补充作用，政府需要为隔代照料者提供必要的制度支持，以长远的眼光看待未来隔代照料的发展走向，增加在岗就业祖父母的亲职假权益，缓解中老年人市场劳动参与对隔代照料的抑制作用，体现我国经济发展与福利制度共生共享的政策理念。一是可以探索单独的"育孙假"，并且对假期的享受要有明确的分类指导，适度向处于就业状态的家庭儿童照料者提高照料供给的可及性。二是鼓励企业和用人单位对提供隔代照料服务的员工适时实行弹性工作制。国家应加强对隔代照料支持政策的宣传，帮助企业认识到隔代照料的价值贡献，并以企业是否为隔代照料服务供给提供便利为依据，对企业实行生育税收优惠减免政策，加快构建生育成本在国家、企业、家庭、个人之间合理有效的分担机制。

二、加强老年健康福利优化供给政策

改革开放以来,我国的养老保障体系在如何积极应对人口老龄化,构建养老、孝老、敬老的老年福利体系发展中取得了很大成就。中老年人在照料孙子女时,既可以发挥自身余热,帮子女缓解家庭和工作的矛盾,又能丰富自己的老年生活安排,有利于老年人身心健康发展。当然,要想实现"用老"与"乐养"的平衡,与老年人本身的照料意愿、身体状况、社会环境息息相关。因此,在隔代照料支持政策的体系建设中,必须要不断加强老年健康福利制度设计,多元化呈现"为老"的政策安排。

一是加快异地就医和异地养老的社会化程度,突破看医就诊和就地养老的地域壁垒。二是改革慢性病管理制度,把它作为老年健康管理的一项新的发展趋势。随着现代医学技术的进步和医疗保障制度的深化改革,影响老年人健康生活的最大隐患不再是急性疾病,而常常容易被老人们忽视的慢性病如高血压、糖尿病成了威胁老年人健康的最大隐患。这类疾病不仅带病时间长,且需要终身服药,这不仅给家庭增加了经济压力,也给因为隔代照料而流动的老年人就医带来不便。从某种意义上来说,慢性病影响了老年人的隔代照料供给能力。有基于此,政府应该适当加大公共卫生政策和医疗保障政策中对于老年人慢性病的管理和报销制度的改革支持力度,综合考虑城乡、区域医疗水平的差距,加强对慢性病的知识普及力度和效度,倡导健康的饮食习惯,构建覆盖范围广、服务程度深的健康管理模式,为隔代照料的可持续发展创造"革命的本钱"。三是强化公共医疗保健服务,保障充足可及的医疗资源。针对老年人多发的慢性病、老年病,政府需要整合社区医疗资源,把医疗资源下沉到基层,不必到三甲医院起早挂号、排队看病,在社区层面就能把老年人的常见健康问题解决。政府应当高度重视老人的健康状况与福利水平,加大公共医疗卫生方面的财政支出,保障老年人尤其是随隔代照料迁徙的农村偏远地区老人的基本医疗需求,积极强化公共医疗保健服务的供给,健全基本医疗保障体系,探索对隔代照料者提供特定的医疗服务支持政策,如定期免费体检或康复疗养等,保证他们拥有健康的体魄,促进隔代照料的可持续发展。

三、强化隔代照料服务指导支持政策

通过向老年人提供隔代照料育儿指导服务能提高隔代照料质量和效率，在一定程度上减轻照料者的工作强度和照护压力。这类支持服务主要在社区完成。社区作为政府为了保障家庭功能的有效运行而搭建的一个为民服务的平台，是国家当前社会治理的基础单元。政府在构建隔代照料政策支持体系时，要充分发挥社区紧密联系家庭的重要作用，补齐公共服务的短板，完善公共服务的支持项目和内容，构建起完备的公共服务支持体系。

一是开展育儿知识技能培训。虽然每位祖辈都有育儿的实践和经验，但时代不同，育儿的理念和方法也与以往不再相同。加强老年人育儿技能的培训，提升隔代照料者科学的育教能力，对提升隔代照料的质量和效度有积极作用。社区可以开展针对不同年龄阶段儿童照料需求的知识讲座。生动形象地讲授婴儿、幼儿、学龄前儿童、学龄儿童的行为规范、身心发展特点，以及不同年龄段儿童的照料需求差异，为老年人的科学育儿知识储备提供帮助。社区还可以组建一支专门的育儿培训队伍。结合老年人的知识结构和自身的兴趣爱好，社区可以开展更系统和规范的进阶育儿知识培训活动，并且为完成培训的老年人发放结业证书，组织他们参与社区育儿知识宣教活动，在丰富老年人业余生活的同时，也让他们在学习的过程中获得自我成就感。由老年人向同辈群体传授新的育儿知识，既可提高宣教效率和效果，提升老年人整体的育教水平，亦可减缓两代人的育儿观念冲突，有利于和谐家庭氛围的构建。

二是提供照料喘息服务。喘息服务是指由社区工作人员临时替代老年人，为儿童提供暂时性照料的一项服务供给。它是西方隔代照料支持政策中最受欢迎的一项服务，它能在一定程度上减轻老年人的照护压力，还能帮助老年人在遇到无法提供隔代照料服务的紧急情况下"搭把手"，提高在隔代照料服务供给中老年人的生活满意度。统筹协调社区现有的物质资源和人力资源，成立儿童日间照料中心，提供便捷的临时照料服务和专业的课后延时服务；或者在社区活动中心开设一间隔代照料生活之家，在老人遇到突发事件不方便提供照料服务的时候，可以将儿童带到生活之家，暂时由社区志愿者或社区工作人员为儿童提供照料服务。社区还可以落实由政府出资购买的喘息服务。社区负责对有喘息服务需求的

家庭全面摸底排查，并根据政府的财政预算，为家庭经济困难或者隔代照料压力特别大的老人提供合适的免费喘息服务。三是社区可以组织专门人员定时定点为婴幼儿提供洗浴、喂食等服务，让老人在繁忙的家务事中喘口气。

三是为老人提供心理情感支持服务。在隔代照料的实践中，很多老年人受囿于地域差距、代际关系、身体状况等多种原因的约束，加上现代生活压力的增大和社交圈子的缩小，很多老年人无法正确排解自己的情绪，在隔代照料的过程中出现了大大小小的心理和情感问题。社区在为隔代照料者提供技能培训、物质支持、喘息服务的同时，还应该结合老年人的实际情况，高度重视老年人的心理健康发展。社区应该组织专门人员为提供隔代照料服务的老人进行自我情绪减压、心理健康护理等方面的培训，不光为隔代照料者提供事务性分担服务，还应为隔代照料者提供情感支持服务，帮助老人正确认识自己所创造的价值，及时排解心中的负面情绪，促进隔代照料的健康发展。

四、出台多元化托幼服务发展政策

隔代照料不光牵涉我国家庭职能的健康发展，还关系到人口生态平衡、经济再生资源等社会功能的培育。党中央、国务院一直高度重视儿童照料问题，十九大报告明确提出"幼有所育"，中央经济工作会议上也明确要求针对人民群众关心的问题精准施策，解决好婴幼儿的照料问题。

一是政府在肯定隔代照料社会价值，支持家庭育儿功能正常发挥的同时，坚持育儿服务社会化的发展方向，增加社会托幼建设的财政投入和人力资本建设，将社会托幼工程建设纳入民生重点工程建设的纲要之中。通过对社会托幼体系硬件设施的建设，为儿童照料提供更多资源丰富的、便捷有效的、安全有保障的、家庭负担得起的社会托幼选择，从而促进隔代照料的可持续发展。二是政府应尽快出台相关的政策法规，有序引导和规范社会托幼行业发展。在我国现行的儿童权益保障法律体系中，有中小学生权益保护制度，也有高校大学生的权益保障政策，唯独没有针对学龄前儿童受教育权的保护机制。要想保障学龄前儿童享受到公平公正的社会托幼资源，必须加快公共儿童托幼体系的法制化建设，明确政府对社会托幼服务的指导权力和主体责任，有序引导社会托幼体系的规范化发展。三是政府应加强社会托幼机构充分发挥其社会责任的引导和宣传，鼓励社会托幼机构增加托幼延伸服务，如：适当下沉幼儿园招收儿童的年龄设置，向西方托幼体系取经，尝试拓宽儿童托幼体系的覆盖群体，开展 1～3 岁低幼儿童的半托或全托幼儿服务；适当调整托幼机构的接送时间安排，尽量与父母上下班时间匹配，帮助家庭协调好工作与育儿的时间配置，或者开设延迟兴趣班，为有延时接送儿童需求的家庭提供相应的支持服务，体现社会托幼机构的服务性，缓解家庭照料的压力。对于提供低幼龄儿童育儿服务的机构，政府应适当给予办学政策倾斜或财政税收优惠减免，提高办学机构的积极性。

五、增进"家庭友好型"的政策设计

家庭作为社会的基础单元和隔代照料服务供给的主要场所，友好家庭氛围的建设能促进家庭内部的和谐，有利于增加隔代照料服务的质量和效率。

随着二胎家庭数量的增加，受儿童照料压力的影响，很多父母甚至祖父母为了照料年幼的儿童，不得不中断劳动力市场的参与活动，这虽然在一定程度上缓解了儿童照料的压力，但同时给家庭经济状况带来了新的困扰。政府首先可以设计一些体现家庭友好的就业帮扶政策，接受隔代照料者以兼职的形式实现就业。或者对于因儿童照料任务的减轻而想参与劳动力市场的父母或祖父母，政府应为其提供必要的就业技能培训，或创业启动资金小额贷款经济帮扶，让他们顺利地参与劳动力市场并尽快适应岗位需求。二是通过完善劳动市场相关的法律法规，要求用人单位必须制定有利于员工履行家庭儿童照料职责的工作制度，并针对父母照料和隔代照料的制度准入制定不同服务范围和不同服务时长的细则，弹性配置父母和祖父母的照料责任，优化家庭儿童照料责任的分工，缓解工作和家庭的不平衡，并督促企业履行其社会职能，制定职工行使家庭责任的工作制度。三是倡导"一碗汤"的代际居住模式。因为照料儿童，隔代照料把三代人聚集到一个屋檐下，受思想观念、生活方式不同的影响，几代人长期生活在一起难免产生观念冲突的现象，我国隔代照料家庭"婆媳矛盾"的状况时有发生。为了满足隔代照料的需求，又避免代际矛盾的发生，政府应为隔代照料家庭出台购房优惠政策或者是增加公租房、廉住房数量的供应，鼓励老人与子女就近分开居住，在老人提供隔代照料服务时不至于长途奔波，又为老人、子女自由生活方式的选择提供物理空间，满足跨区域流动的联合家庭"养老抚幼"的多重需求，强化代际支持，提升社会治理能力。

六、夯实特殊困难隔代家庭的兜底保障政策

隔代家庭是随着我国经济制度的发展变迁，特别是改革开放以来我国产业结构的调整、城乡发展呈二元分化的历史背景下形成的。隔代家庭多半是由于父母外出打工，把儿童留在农村让其与祖父母或其他长辈共同居住的一种特殊的家庭模式。因自然资源、地理位置、人力资本、公共资源配置等多重因素的限制，大多数隔代家庭的经济状况不是很好，隔代照料服务的供给质量整体偏低。因此，隔代照料支持政策应重点关注隔代家庭的儿童照料需求，兜底保障经济困难的隔代家庭，尽量满足他们的生存需求，体现政府公平正义、全面治理的政策理念。

目前，我国已经开始探索对失能老人的照料者提供经济补贴，根据失能老人的年龄分层、身体状况、经济水平等因素对失能老人的照料者提供不同程度的经济支持，以保障其基本的穿衣和吃饭问题。这对我国隔代照料的经济支持政策设计提供了重要的实践指导。政府在为隔代家庭提供经济支持的时候，主要应考虑两个方面的支出状况，一是根据当地经济水平评估他们穿衣吃饭最基本的物质支出，二是结合隔代家庭所照料儿童的年龄、数量，评估出他们照料儿童所需的必要支出，依此制定一套既符合当地消费水平又能满足现实照料需求的经济支持方案。

总之，在构建我国隔代照料政策支持体系时，应坚持儿童利益最大化，鼓励家庭育儿功能的发挥，肯定隔代照料对社会托幼体系不可替代的补充作用。动员社会各界形成合力，为隔代照料的持续健康发展提供制度支持、服务支持、环境支持和经济支持，提升隔代照料的供给能力，缓解我国儿童照料需求增大与社会托幼供给不足的矛盾，为我国建立覆盖面广、针对性强、可信度高的社会公共托幼服务体系打下坚实基础。

参 考 文 献

一、著作类

[1]柏毅．儿童早期发展前沿研究国际会议论文集[M]．南京：东南大学出版社，2014．

[2]成新轩．国际社会保障制度概论[M]．北京：经济管理出版社，2008．

[3]陈映芳．国家与家庭、个人——城市中国的家庭制度(1949—1979)[M]．上海：上海交通大学出版社，2010．

[4]邓大松．社会保障概论[M]．北京：高等教育出版社，2019．

[5]丁建定．英国社会保障制度的发展[M]．北京：中国劳动社会保障出版社，2004．

[6]费孝通著．江村经济[M]．戴可景译．北京：北京大学出版社，2012．

[7]国家卫生计生委家庭司．中国家庭发展报告2015[M]．北京：中国人口出版社，2015．

[8]国家卫生计生委家庭司．中国家庭发展报告2016[M]．北京：中国人口出版社，2016．

[9]李珍．社会保障理论(第四版)[M]．北京：中国劳动社会保障出版社，2018．

[10]李本公．中国人口老龄化发展趋势百年预测[M]．北京：华龄出版社，2007．

[11]理查德·蒂特马斯．社会政策十讲[M]．江绍康，译．长春：吉林出版集团有限责任公司，2011．

[12]李薇．西方国家家庭补贴制度——基于三种福利体制的比较[M]．北京：社会科学出版社，2017．

[13]李超民．美国社会保障制度[M]．上海：上海人民出版社，2009．

[14]李银河,郑宏霞.一爷之孙——中国家庭关系的个案研究[M].上海:上海文艺出版社,2001.

[15]梁慧星.法学学位论文写作方法[M].北京:法律出版社,2017.

[16]刘继同.国家责任与儿童福利:中国儿童健康与儿童福利政策研究[M].北京:中国社会出版社,2010.

[17]刘婧婧.宪政视野下中国社会保障制度研究[M].上海:复旦大学出版社,2013.

[18]刘汶蓉.反馈模式的延续与变迁:一项对当代家庭代际支持失衡的再研究[M].上海:上海社会科学院出版社,2012.

[19]落合美惠子.21世纪的日本家庭——何去何从(第3版)[M].郑阳,译.济南:山东人民出版社,2009.

[20]罗伯特·伊斯特.社会保障法[M].周长征,等译.北京:中国劳动社会保障出版社,2003.

[21]吕青,赵向红.家庭政策[M].北京:社会科学文献出版社,2012.

[22]玛利亚·蒙台梭利.童年的秘密[M].金晶、孔伟,译.北京:中国发展出版社,2006.

[23]马克·赫特尔.变动中的家庭——跨文化的透视[M].杭州:浙江人民出版社,1988.

[24]米尔恩.人的权利与人的多样性[M].夏勇、张志铭,译.北京:中国大百科全书出版社,1995.

[25]穆怀中.国民财富与社会保障收入再分配[M].北京:中国劳动社会保障出版社,2002.

[26]亓迪.促进儿童发展:福利政策与服务模式[M].北京:社会科学文献出版社,2018.

[27]佘宇,张冰子.适宜开端——构建0~3岁婴幼儿早期发展服务体系研究[M].北京:中国发展出版社,2016.

[28]世界卫生组织.积极老龄化政策框架[M].中国老龄协会,译.北京:华龄出版社,2003.

[29]世界银行.从儿童早期发展到人类发展:为儿童的未来投资[M].北京:中

国发展出版社，2011.

[30]粟芳．瑞典社会保障制度[M]．上海：上海人民出版社，2010.

[31]杨雄．儿童福利政策[M]．上海：上海人民出版社，2012.

[32]杨一鸣．从儿童早期发展到人类发展——为儿童的未来投资[M]．北京：中国发展出版社，2011.

[33]岳经纶．社会政策与"社会中国"[M]．北京：社会科学文献出版社，2014.

[34]郑功成．中国社会保障30年[M]．北京：人民出版社，2008.

[35]王雪梅．儿童权利论——一个初步的比较研究[M]．北京：社会科学文献出版社，2005.

[36]王雪梅．儿童福利论[M]．北京：社会科学文献出版社，2014.

[37]邬沧萍，杜鹏等．老龄社会与和谐社会[M]．北京：中国人口出版社，2012.

[38]阎云翔．私人生活的变革：一个中国村庄里的爱情、家庭与亲密关系[M]．龚小夏译．上海：上海书店出版社，2009.

[39]郑春荣．英国社会保障制度[M]．上海：上海人民出版社，2012.

[40]张天雪．生存、保障、发展：国家儿童政策体系研究[M]．北京：中国社科出版社，2013.

[41]张亮．中国儿童照顾政策研究：基于性别、家庭和国家的视角[M]．上海：上海人民出版社，2016.

[42]张文宏．中国城市的阶层结构与社会网络[M]．上海：上海人民出版社，2011.

[43]张秀兰，徐月宾等．中国发展型社会政策论纲[M]．北京：中国劳动社会保障出版社，2007.

[44]郑杭生．转型中的中国社会和中国社会的转型[M]．北京：首都师范大学出版社，1996.

[45]左际平，蒋永萍．社会转型中城镇妇女的工作和家庭[M]．北京：当代中国出版社，2009.

二、文献类

[1]陈卫民．我国家庭政策的发展路径与目标选择[J]．人口研究，2012(36)：

29-36.

[2]陈秀红.影响城市女性二孩生育意愿的社会福利因素之考察[J].妇女研究论丛,2017(1):30-40.

[3]陈忠卫,田素芹.工作——家庭冲突双向性理论评述[J].经济与管理,2012(7):58-63.

[4]董晓媛.照顾提供、性别平等与公共政策——女性主义经济学的视角[J].人口与发展,2009(6):61-68.

[5]杜亮,王伟剑.家庭、国家与儿童发展:美国、德国和日本儿童政策的比较研究[J].河北师范大学学报(教育科学版),2015(1):56-62.

[6]房莉杰.2015—2016年中国社会政策前沿研究综述[J].社会政策研究,2017(3):45-55.

[7]谷劲松.德国家庭政策调整策略研究[J].社会福利,2015(3):15-19.

[8]高春兰,金美英.韩国家庭福利政策的范式转换健康家庭基本法[J].社会政策研究,2017(6):53-66.

[9]顾昕,孟天广.中国社会政策支出的配置机制和流向结构[J].广东社会科学,2016(2):174-184.

[10]郝君富.OECD国家职业中断女性养老金缴费的减免机制和政策实践[J].深圳大学学报(人文社会科学版),2018(7):116-122.

[11]何欢.美国家庭政策的经验和启示[J].清华大学学报(哲学社会科学版),2013(1):147-156.

[12]和建花.部分发达国家幼儿照看和教育体制及其新政策概述[J].学前教育研究,2007(7):111-115.

[13]和建花.法国家庭政策及其对支持妇女平衡工作家庭的作用[J].妇女研究论丛,2008(6):70-76.

[14]胡湛,彭希哲.家庭变迁背景下的中国家庭政策[J].人口研究,2012(2):3-11.

[15]霍莉婷.国家干预儿童照顾:理论基础、国际经验与中国现实[J].社会政策研究,2018(2):91-103.

[16]敬少丽,赵媛.2016-01-12(B01)."全面二孩"政策的社会性别思考[N].中

国妇女报.

[17]靳小怡，刘妍珺．照料孙子女对老年人生活满意度的影响——基于流动老人和非流动老人的研究[J]．东南大学学报(哲学社会科学版)，2017(2)：119-131.

[18]柯洋华．美国家庭福利政策的历史、原则和经验[J]．社会政策研究，2017(4)：57-70.

[19]李芬．工作母亲的职业新困境及其化解——以单独二孩政策为背景[J]．东南大学学报(哲学社会科学版)，2015(4)：12-20.

[20]李芬，风笑天．照料"第二个"孙子女？——城市老人的照顾意愿及其影响因素研究[J]．人口与发展，2016(4)：87-97.

[21]李建民．当代中国家庭的变迁与政策[J]．学术研究，2012(9)：32-33.

[22]李树苗，王欢．家庭变迁、家庭政策演进与中国家庭政策构建[J]．人口与经济，2016(6)：1-9.

[23]李姿姿．国际社会政策研究近期发展综述：理论、领域和视角[J]．甘肃行政学院学报，2014(1)：60-75.

[24]李姿姿．当前欧洲儿童照顾政策改革及其启示[J]．当代世界与社会主义，2016(4)：100-110.

[25]林卡，李烨．隔代照顾研究述评及其政策讨论[J]．浙江大学学报(人文社会科学版)，2018(4)：5-14.

[26]刘冬梅，戴蓓蕊．德国社会法中的家庭福利政策[J]．德国研究，2017(3)：81-100.

[27]刘磊，毕钰．透视英国的学前教育普惠新政——基于对《更能负担得起的儿童保育》政策的解析[J]．教育导刊月刊，2016(2)：93-96.

[28]刘毓秀．北欧托幼制度[J]．儿童及少年福利期刊，2006(10)：35-38.

[29]刘云香，朱亚鹏．中国的"工作——家庭"冲突：表现、特征与出路[J]．公共行政评论，2012(3)：38-60.

[30]刘中一．构建符合我国国情的家庭福利政策体系研究[J]．社会保障研究，2011(3)：78-88.

[31]柳玉臻．加拿大家庭福利政策历史变迁及其发展逻辑[J]．社会政策研究，

2017(6)：81-93.

[32]陆杰华，汤澄．人口转变背景下风险家庭表现形式、成因及公共政策再建构
[J]．河北学刊，2016(3)：145-160.

[33]吕红平，雷雪菲.2017-8-10.欧美家庭支持政策实践及启示——兼议鼓励按
政策生育[N].中国人口报.

[34]吕红平，邹超．实施"全面两孩"后家庭支持政策改革与完善研究[J]．人口
与发展，2018(2)：71-79.

[35]孔铮．构建中国的家庭政策体系：国际经验及启示[J]．经济与社会发展，
2013(11)：96-100.

[36]马蔡琛，李萌，那万卿．发达国家现代家庭补贴与税收减免的政策法律[J].
社会政策研究，2017(6)：66-80.

[37]马春华，石金群等．中国城市家庭变迁的趋势和最新发现[J].社会学研究，
2011(2)：182-216.

[38]马春华．当代日本家庭变迁和家庭政策重构：公共资源的代际再分配[J].
社会发展研究，2017(3)：69-95.

[39]满小欧，李月娥．美国儿童福利政策变革与儿童保护制度——从"自由放
任"到"回归家庭"[J]．国家行政学院学报，2014(2)：94-99.

[40]茅倬彦，袁艳等.2016-12-26.欧洲家庭支持政策措施及效果的启示[N].中
国人口报.

[41]马焱．从公共政策层面看对女性老年家庭照料者的社会支持[J]．妇女研究
论丛，2013：55-60.

[42]穆光宗，常青松．欧洲家庭发展和家庭政策的变迁及启示[J]．中国浦东干
部学院学报，2016(6)：112-120.

[43]聂飞．国家政策中家庭取向的嬗变[J]．求实，2017(10)：63-73.

[44]聂飞．家庭政策中的家国责任分担研究[J]．中州学刊，2018(8)：75-83.

[45]彭希哲，胡湛．当代中国家庭变迁与家庭政策重构[J]．中国社会科学，
2015(12)：120-130.

[46]乔东平，谢倩雯．西方儿童福利理念和政策演变及对中国的启示[J]．东岳
论丛，2014(11)：116-122.

[47] 宋健，周宇香．全面两孩政策执行中生育成本的分担——基于国家、家庭和用人单位三方视角[J]．中国人民大学学报，2016(6)：107-118．

[48] 宋全成，文庆英．我国单独二胎人口政策实施的意义、现状与问题[J]．南通大学学报(社会科学版)，2015(1)：122-129．

[49] 盛亦男，杨文庄．西方发达国家的家庭政策及对我国的启示[J]．人口研究，2012(4)：45-52．

[50] 孙向晨．个体主义与家庭主义：新文化运动百年再反思[J]．复旦学报，2015(4)：56-61．

[51] 唐灿．2014-12-8．国外的家庭政策与政府的家庭责任[N]．中国人口报．

[52] 孙晓梅．2017-3-7．完善配套措施稳妥推进全面两孩政策落实[N]．中国妇女报．

[53] 汤兆云，邓红霞．日本、韩国和新加坡家庭支持政策的经验及其启示[J]．国外社会科学，2018(2)：36-43．

[54] 王子彧．北欧福利模式的内部差异：家庭政策比较研究综述．社会福利，2017(4)：22-27．

[55] 王茜．促进儿童早期发展的国际经验及其对我国的启示[J]．人口与计划生育，2016(5)：15-17．

[56] 吴帆．我国家庭政策存在的主要问题与改革方向[J]．人口与计划生育，2015(9)：28-29．

[57] 吴帆．欧洲家庭政策与生育率变化——兼论中国低生育率陷阱的风险[J]．社会学研究，2016(1)：49-74．

[58] 吴帆．全面放开二孩后的女性发展风险与家庭政策支持[J]．西安交通大学学报(社会科学版)，2016(6)：129-130．

[59] 吴帆．家庭政策是促进人口均衡发展的重要途径[N]．中国人口报，2017-07-10．

[60] 吴小英．公共政策中的家庭定位[J]．学术研究，2012(9)：50-57．

[61] 吴小英．家庭政策背后的主义之争[J]．妇女研究论丛，2015(2)：17-26．

[62] 杨菊华．健全托幼服务——推动女性工作与家庭平衡[J]．妇女研究论丛，2016(2)：11-14．

[63] 杨菊华. 生育政策与中国家庭变迁[J]. 开放时代，2017(3)：12-28.

[64] 岳经纶，颜学勇. 工作——生活平衡：欧洲探索与中国观照[J]. 公共行政评论，2013(3)：14-40.

[65] 岳经纶，方萍. 照顾研究的发展及其主题：一项文献综述[J]. 社会政策研究，2017(4)：38-55.

[66] 岳经纶，范昕. 中国儿童照顾政策体系：回顾、反思与重构[J]. 中国社会科学，2018(9)：92-113.

[67] 张金岭. 法国家庭政策的制度建构：理念与经验[J]. 国外社会科学，2017(4)：45-53.

[68] 张苹. 2017-8-14. 落实生育新政需重视生养孩子的机会成本[N]. 中国人口报.

[69] 张绍平. 西方社会保障政策改革的理念启示[J]. 中国劳动关系学院学报，2005(3)：73-77.

[70] 张秀兰，徐月宾. 建构中国的发展型家庭政策[J]. 中国社会科学，2003(6)：84-96.

[71] 张威. 德国家庭政策的核心框架与特征[J]. 社会工作，2018(2)：85-96.

[72] 赵芳，陈艳. 近二十年来的欧洲家庭政策：变化及其延续[J]. 华东理工大学学报，2014(1)：20-27.

[73] 邹红，彭争呈，栾炳江. 隔代照料与女性劳动供给——兼析照料视角下全面二孩与延迟退休悖论[J]. 经济学动态，2018(7)：37-53.

[74] 周培勤. 北欧育儿假政策变迁的性别分析[J]. 妇女研究论丛，2013(1)：85-91.

[75] 周学馨. 我国家庭发展政策述评：内涵、理论基础及研究重点[J]. 探索，2016(1)：81-85.

[76] 钟晓慧，何式凝. 协商式亲密关系：独生子女父母对家庭关系和孝道的期待[J]. 开放时代，2014(1)：34-38.

[77] 钟晓慧，郭巍青. 人口政策议题转换：从养育看生育——"全面二孩"下中产家庭的隔代抚养与儿童照顾[J]. 探索与争鸣，2017(7)：81-88.

[78] 祝西冰. 国外家庭政策研究前沿演进历程与知识架构——基于科学知识图谱

视角[J]. 山东社会科学, 2017(9): 77-90.

三、英文文献

[1]Anderson M, Bechhofer F, Gershuny J. The Social and Political Economy of the Household[M]. Oxford University Press, 1994.

[2]Arnstein Aassve, Elena Meroni, Chiara Pronzato. Grandparenting and Childbearing in the Extended Family[J]. European Journal of Population, 2012, 28(2): 499-518.

[3]Arpino B, Pronzato C, Tavares L. The effect of grandparental support on mothers? Labour market participation: an instrumental variable approach [J]. European Journal of Population, 2014, 30(1): 369-390.

[4]Baltagi B H, Yen Y F. Welfare reform and children's health[J]. Health Economics, 2014, 25(3): 277-291.

[5]Bass S A, Caro F G. The economic value of grandparent assistance[J]. Generations, 1996, 20(1): 29-33.

[6]Baydar N, Brooks-Gunn J. Profiles of grandmothers who help care for their grandchildren in the United States[J]. Family Relations, 1998, 47(4): 385-393.

[7]Brewster, Karin, Ronald Rindfuss. Fertility and women's employment in industrialized nations. Annual Review of Sociology, 2000, 26(1): 271-296.

[8]Choe Minja Kim, Kim Hyungseog. Lowest-low fertility in the Republic of Korea: variations by locality, 2000-2010 [J]. Chinese Journal of Population Science, 2014, 66(2): 44-54.

[9]Craig L, K Mullan. How Mothers and Fathers Share Childcare: A Cross-National Time-Use Comparison[J]. American Sociological Review, 2011, 76(3): 834-861.

[10]De Laat, Joost, Almudena Sevilla-Sanz. The fertility and women's labor force participation puzzle in OECD countries: the role of men's home production[J]. Feminist Economics, 2011, 17(2): 87-119.

[11]Del Boca D.The Effect of Child Care and Part Time Opportunities on Participation

and Fertility Decisions in Italy[J]. Journal of Population Economics, 2002, 15 (2): 549-573.

[12]Del Boca D, Locatelli M, Vuri D. Child-Care Choices by Working Mothers: The Case of Italy[J]. Review of Economics of the Household, 2005, 3(4): 453-477.

[13]Denise Burnette,Juanjuan Sun, Fei Sun. A Comparative Review of Grandparent Care of Children in the U. S. and China[J]. Ageing International, 2013, 38 (1): 43-57.

[14]Duvander A Z, Lappegård T, Andersson G. Family Policy and Fertility: Fathers' and Mothers' Use of Parental Leave and Continued Childbearing in Norway and Sweden[J]. Journal of European Social Policy, 2010, 20(1): 45-57.

[15]Earles K. Swedish Family Policy-continuity and Change in the Nordic Welfare State Model[J]. Social Policy & Administration, 2011, 45(2): 180-193.

[16]EU. European Commission. Retrieved from(2015)[EB/OL]. http: //ec. europa. eu/europe2020/europe-2020-in-a-nutshell/targets/index_en. htm.

[17]Eydal G B, Gíslasonb I V, Rostgaard T, et al. Trends in Parental Leave in the Nordic Countries: Has the Forward March of Gender Equality Halted [J]. Community, Work & Family, 2015, 18(2): 167-181.

[18]Feinberg L F, Newman S L. A Study of 10 States since Passage of the National Family Caregiver Support Program: Policies, Perceptions, and Program Development[J]. Gerontologist, 2004, 44(6): 760-769.

[19]Ferrarini T, Duvander A Z. Earner-carer Model at the Crossroads: Reforms and Outcomes of Sweden's Family Policy in Comparative Perspective[J]. Social Policy and Quality of Life, 2010, 40(3): 373-398.

[20]Fitzpatrick M D. Revising Our Thinking about the Relationship Between Maternal Labor Supply and Preschool[J]. Journal of Human Resources, 2012, 47(3): 538-612.

[21]Frericks P, Maier R, de Graaf W. Male Norms and Female Adjustments: The Influence of Care Credits on Gender Pension Gaps in France and Europe [J].

European Societies, 2007, 10(1): 97-119.

[22]Fuller-Thomson E, Minkler M. American Grandparents Providing Extensive Child Care to Their Grandchildren [J]. Prevalence and profile. The Gerontologist, 2001, 41(2): 201-209.

[23]Gendell M. Older Workers: Increasing Their Labor Force Participation and Hours of Work[J]. Monthly Labor Review, 2008, 208(3): 41-54.

[24]Giarrusso R, Feng D, Silverstein M, Marenco A. Primary and Secondary Stressors of Raising Grandchildren: Evidence from a National Survey[J]. Journal of Mental Health and Aging, 2000, 6(1): 291-310.

[25] Hakovirta M, Rantalaiho M. Family Policy and Shared Parenting in Nordic Countries[J]. European Journal of Social Security, 2011, 13(2): 247-266.

[26]Hayslip B,Kaminski P L. Grandparents Raising Their Grandchildren: A Review of the Literature and Suggestions for Practice [J]. Gerontologist, 2005, 45 (2): 262.

[27]Hiilamo H, Kangas O. Trap for Women or Freedom to Choose? The Struggle Over Cashfor Child Care Schemes in Finland and Sweden[J]. Journal of Social Policy, 2009, 38(3): 457-475.

[28]Hirshorn B A, Van Meter M J, Brown D R. When Grandparents Raise Grandchildren due to Substance Abuse: Responding to a Uniquely Destabilizing Factor[J]. Journal of Gerontological Social Work, 2000, 96(2): 269-288.

[29]Jessica Zamberletti, Giulia Cavrini, Cecilia Tomassini. Grandparents Providing Childcare in Italy[J]. European Journal of Ageing, 2018, 15(1): 265-275.

[30]Josefina Posadas, Marian Vidal-Fernandez. Grandparents' Childcare and Female Labor Force Participation[J]. IZA Journal of Labor Policy, 2013, 2(1): 14-22.

[31]Kim Ik-Ki, Zuo Qi. Reviewing China's New Population Policy: A Contrastive Study of Japan and South Korea in Terms of Low Fertility Rate and Population Aging[J]. Academia Bimestris, 2017, 17(1): 134-143.

[32]Kimmel Jean, Rachel Connelly. Mother's Time Choices: Care-giving, Leisure,

Home Production, and Paid Work[J]. The Journal of Human Resources, 2007, 42(3): 643-681.

[33] Kluger M P, Aprea D M. Grandparents Raising Grandchildren[J]. Journal of Gerontological Social Work, 1999, 32(1): 5-17.

[34] Landry-Meyer L. Grandparents as Parents: What They Need to be Successful[J]. Family Focus, 2000, 45(1): 9-10.

[35] Letablier M T, Luci A, Math A, Thévenon O. The Costs of Raising Children and the Effectiveness of Policies to Support Parenthood in European Countries: A Literature Review [DB/OL]. [2009-09-03]. http://ec. europa. eu/social/home. jsp? langId=en.

[36] Lumsdaine, Robin, Stephanie Vermeer. Retirement Timing of Women and the Role of Care Responsibilities for Grandchildren[J]. Demography, 2015, 52(2): 433-454.

[37] McCallion P, Janicki M P, Kolomer S R, Heller T. Controlled Evaluation of Support Groups for Grandparent Caregivers of Children with Developmental Disabilities and Delays[J]. American Journal of Mental Retardation, 2004, 109 (5): 352-361.

[38] Minkler M. Intergenerational Households Headed by Grandparents: Contexts, Realities, and Implications for Policy[J]. Journal of Aging Studies, 1999, 13 (2): 199-218.

[39] Morgan S P, King R B. Why Have Children in the 21st Century? Biological Predisposition, Social Coercion, Rational Choice [J]. European Journal of Population, 2001, 17(1): 3-20.

[40] Newsome W, Kelly M. Grandparents Raising Grandchildren: A Solution-Focused Brief Therapy Approach in School Settings[J]. Social Work Groups, 2004, 27 (4): 65-84.

[41] OECD. Closing the Gender Gap: Act Now[M]. Paris: OECD Publishing, 2012.

[42] OECD. Government at a Glance 2015[EB/OL]. http://www. oecd-ilibrary. org/governance/government-ata-glance-2015/women-in-publicsector-employment_gov_

glance-2015-23-en.

[43] OECD. Maternal employment rates (2016) [EB/OL]. http: //www. oecd. org/ els/family/LMF_1_2_Maternal_Employment. pdf.

[44] OECD. Key characteristics of parental leave systems (2017) [EB/OL]. http: // www. oecd. org/els/soc/PF2_1_Parental_leave_systems. pdf.

[45] OECD. OECD Employment Outlook 2018[M]. Paris: OECD Publishing, 2018.

[46] Ogawa N, Ermisch J F. Family Structure, Home Time Demands, and the Employment Patterns of Japanese Married Women [J]. Journal of Labor Economics, 1996, 14(4): 677-702.

[47] Palme J. Welfare States and Inequality: Institutional Designs and Distributive Outcome[J]. Research in Social Stratification and Mobility, 2006, 24 (3): 387-403.

[48] Pebley A R, Rudkin L L. Grandparents Caring for Grandchildren: What do We Know? [J]. Journal of Family Issues, 1999, 20(2): 218-242.

[49] Pei-Chun Ko, Karsten Hank. Grandparents Caring for Grandchildren in China and Korea: Findings from Charls and Klosa[J]. Journals of Gerontology, 2010, 69(4): 646-651.

[50] Ronald R Rindfuss, David K Guilkey, S Philip Morgan, Oystein K Ravdal. Child-Care Availability and Fertility in Norway [J]. Population and Development Review, 2010, 36(4): 725-748.

[51] Rønsen M, Sundström M. Family Policy and Afterbirth Employment among New Mothers—A Comparison of Finland, Norway and Sweden[J]. European Journal of Population, 2002, 18(2): 121-152.

[52] S. Philip Morgan. Is Low Fertility a Twenty-First-Century Demographic Crisis[J]. Demography, 2010, 40(4): 589-603.

[53] Smith C J, Beltran A, Butts D M, Kingson E R. Grandparents Raising Grandchildren[J]. Journal of Gerontological Social Work, 2000, 34(1): 81-94.

[54] Smith K. Who's Minding the Kids? Child Care Arrangements[R]. Fall 1995, US.

[55] Smith K. Who's Minding the Kids? Child Care Arrangements[R]. Spring 1997,

US.

[56] Thévenon O. Family Policies in OECD Countries: A Comparative Analysis [J]. Population and Development Review, 2011, 37(1): 57-87.

[57] Tsien T B K, Ng G T. Older Adults as Caregivers in Hong Kong [J]. China Journal of Social Work, 2010, 3(2-3): 172-192.

[58] Wheelock J, Jones K. Grandparents are the Next Best Thing: Informal Childcare for Working Parents in Urban Britain [J]. Journal of Social Policy, 2002, 31 (3): 441-463.

[59] World Bank. World Development Indicators [M]. Washington D. C.: World Bank, 2015.

[60] Yasuda T, Iwai N, Yi C C, Xie G. Intergenerational Coresidence in China, Japan, South Korea and Taiwan: Comparative Analyses Based on the East Asian Social Survey 2006 [J]. Journal of Comparative Family Studies, 2011, 42(1): 703-722.

[61] Gary S Becker. A Theory of Social Interactions [J]. The Journal of Political Economy, 1974(6): 1063-1093.

[62] John Laitner. Intergenerational and Interhousehold Economic Links [J]//Mark R. Rosenzweig & Oded Stark. Handbook of Population and Family Economics. Vol 1A. Amsterdam: Elsevier Science, 1997.

[63] Xuan Chen, Merril Silverstein. Intergenerational Social Support and the Psychological Well-Being of Older Parents in China [J]. Research on Aging, 2000 (1): 43-65.

[64] Zhen Cong, Merril Silverstein. Intergenerational Time-for-Money Exchanges in Rural China: Does Reciprocity Reduce Depressive Symptoms of Older Grandparents? [J]. Research in Human Development, 2008(1): 6-25.

[65] Esther C, L. Goh, Leon Kuczynski. "Only Children" and Their Coalition of Parents: Considering Grandparents and Parents as Joint Caregivers in Urban Xiamen, China [J]. Asian Journal of Social Policy, 2010(13): 221-231.

附　件

女职工两孩生育意愿调查问卷

说明：

1. 所有计算均以做出有效回答的人为基数，未答者不纳入计算基数，所以各个题目的合计频次均不相同；

2. 计算百分比时，由于存在四舍五入的情况，所以各个类别的百分比之和不一定是100.0%，可能是99.9%或100.1%，这是正常的，但本文档的所有表格中的合计百分比仍然写作100.0%。

一、个人基本情况

A1　您的出生年月：＿＿＿＿＿＿＿.

A2　您的民族：＿＿＿＿＿＿＿.

A3　您目前的受教育程度是：

　　1. 初中及以下　　　　2. 高中/中专/技校　　　3. 大专

　　4. 大学本科　　　　　5. 硕士　　　　　　　　6. 其他

A4　您的政治面貌是：

　　1. 共产党员　　　　　2. 民主党派　　　　　　3. 群众

A5　您的户籍所在地：

　　1. 城镇　　　　　　　2. 农村

A6　您所在单位的地址：＿＿＿＿＿＿（只填写所属市区）

156

二、家庭与生活情况

B1　您目前的婚姻状况是：

1. 未婚　　　2. 已婚　　　3. 离婚　　　4. 丧偶

B2　您的初婚年龄

1. 22 岁及以下　　　　2. 23～29 岁　　　　3. 30 岁及以上

B3a　您现在有_____个孩子

b　其中女孩_____个

c　第一个孩子的性别是_____.

d　最后一个孩子的性别是_____.

B4a　您是否有未成年子女_____.

b　有_____个

B5a　您有_____个兄弟姐妹；

b　其中姐妹_____个。

c　您和您的兄弟姐妹中，老大的性别是：1. 男　　　2. 女

d　您和您的兄弟姐妹中，老幺的性别是：1. 男　　　2. 女

B6　你配偶的受教育程度是

1. 初中及以下　　　　2. 高中/中专/技校　　　3. 大专

4. 大学本科　　　　5. 硕士　　　　6. 其他

B7a　您配偶有_____个兄弟姐妹。

b　其中姐妹_____个。

c　您配偶和他的兄弟姐妹中，老大的性别

d　您配偶和他的兄弟姐妹中，老幺的性别

B8　您家庭的住房面积

1. 99 平方米及以下　　　2. 100～149 平方米　　　3. 150～199 平方米

4. 200 平方米及以上

B9　最近一年中，您的家庭月平均收入为

1. 4000 元以下　　　　2. 4001～8000 元　　　3. 8001～12000 元

4. 12001～14000 元　　　5. 14001～18000 元　　　6. 18000 元以上

B10　请您回忆一下，最近一年中，您的家庭月平均开支情况：

　　1. 1000 元以下　　　　2. 1001~3000 元　　　　3. 3001~6000 元

　　4. 6001~8000 元　　　　5. 8001~10000 元　　　　6. 10000 元以上

B10a　伙食费开支情况：

　　1. 1000 元以下　　　　2. 1001~3000 元　　　　3. 3001~6000 元

　　4. 6001~8000 元　　　　5. 8001~10000 元　　　　6. 10000 元以上

B10b　孩子的教育开支：

　　1. 1000 元以下　　　　2. 1001~3000 元　　　　3. 3001~6000 元

　　4. 6001~8000 元　　　　5. 8001~10000 元　　　　6. 10000 元以上

B10c　父母奉养的开支：

　　1. 1000 元以下　　　　2. 1001~3000 元　　　　3. 3001~6000 元

　　4. 6001~8000 元　　　　5. 8001~10000 元　　　　6. 10000 元以上

B11　您的下列长辈是否与您一同居住，他们的身体状况如何？

　　a. 父亲是否与您一同居住，身体状况如何？

　　b. 母亲是否与您一同居住，身体状况如何？

　　c. 公公是否与您一同居住，身体状况如何？

　　d. 婆婆是否与您一同居住，身体状况如何？

B12　近一年来，您平均每天承担下列事务的情况是：

　　a. 承担家务劳动的情况：

　　　　1. 从不　　2. 很少　　3. 约一半　　4. 大部分　　5. 全部

　　b. 照顾孩子的情况：

　　　　1. 从不　　2. 很少　　3. 约一半　　4. 大部分　　5. 全部

　　c. 辅导孩子功课的情况：

　　　　1. 从不　　2. 很少　　3. 约一半　　4. 大部分　　5. 全部

　　d. 照顾老人的情况：

　　　　1. 从不　　2. 很少　　3. 约一半　　4. 大部分　　5. 全部

B13　总的来说，您觉得自己目前的健康状况如何？

　　1. 很好　　2. 较好　　3. 一般　　4. 较差

B14　您对当前的家庭生活是否满意？

1. 非常满意　　2. 比较满意　　3. 一般　　4. 不太满意　　5. 很不满意

三、工作情况

C1　您是哪一年参加工作的？（转换成"工作年限"）

　　1. 9 年及以下　　　　2. 10～19 年　　　　3. 20～29 年

　　4. 30 年及以上

C2　您工作单位的类型：

　　1. 政府机关　　　　2. 事业单位　　　　3. 社会团体

　　4. 国有/集体企业　　5. 私营企业　　　　6. 其他(请注明)

C3a　最近一个月，您觉得工作压力大吗？

　　1. 没什么压力　　2. 压力不大　　　　3. 压力较大

　　4. 压力很大

　b　压力主要来自于：（多选）

　　1. 工作量太大或工作难度大

　　2. 工作和家庭的冲突

　　3. 家庭经济压力大

　　4. 其他(请注明)

C4　您目前的平均月工资收入是

　　1. 2000 元以下　　　2. 2001～4000 元　　3. 4001～6000 元

　　4. 6001～8000 元　　5. 10000 元以上

C5　近年来，下列情况在您身上发生过吗？

　　a. 工作太忙而很少管家里的事：

　　　1. 从不　　2. 偶尔　　3. 有时　　4. 经常

　　b. 为了家庭而放弃个人发展的机会：

　　　1. 从不　　2. 偶尔　　3. 有时　　4. 经常

C6　在以下方面，您对自己目前的工作满意吗？

　　a. 对自己目前收入水平满意么：

　　　1. 很满意　　2. 比较满意　　　3. 一般　　　4. 不太满意

　　　5. 很不满意　　6. 说不清楚

　b. 对自己的职业成就满意么：

　　　1. 很满意　　　2. 比较满意　　　3. 一般　　　4. 不太满意

　　　5. 很不满意　　　6. 说不清楚

　c. 对自己的发展前途满意么：

　　　1. 很满意　　　2. 比较满意　　　3. 一般　　　4. 不太满意

　　　5. 很不满意　　　6. 说不清楚

C7a. 您最近一次休完产假后，您是继续回原单位工作吗？

　　　1. 是　　2. 不是

　b. 产假后回原单位工作的，工作岗位是否发生变化：

　　　1. 调整到工作任务更繁重的工作岗位　　　2. 没有发生变化

　　　3. 调整到工作任务更轻松的岗位　　　4. 其他(请说明)

　c. 产假后回原单位工作的，职位是否发生变化：

　　　1. 职位更高了　　　　2. 职位没有变化　　　　3. 职位更低了

　d. 产假后没有回原单位工作的原因：

　　　1. 为了照顾孩子，放弃工作

　　　2. 自己选择灵活就业

　　　3. 其他(请说明)

四、生育及养育经历【未婚未孕者请跳至 E1 题继续回答】

D1a　您是否正在孕期？

　　　1. 是　　　　2. 不是

D2　您有过＿＿＿＿次分娩经历？

D3a　您最近一次分娩是在哪一年＿＿＿＿.

　b　您这次分娩的方式

　　　1. 顺产　　　2. 剖宫产

　c　您这次分娩享有带薪产假期时间为＿＿＿＿天

　　　1. 0 天　　　　　2. 1~59 天　　　　3. 60~119 天

　　　4. 120~179 天　　　5. 180 天及以上

　d　您这次带薪产假获得生育津贴为＿＿＿＿元

　　1. 0 元　　　　　　　2. 1~999 元　　　　　3. 1000~2000 元

　　4. 2001~3000 元　　　5. 10000 元以上

e　您这次分娩住院的天数为_____天。

　　1. 0 天　　　　　　　2. 1~5 天　　　　　　3. 6~10 天

　　4. 11 天及以上

D4a　您最近一次分娩的医疗总费用为：

　　1. 3000 元以下　　　　2. 3001~6000 元　　　3. 6001~9000 元

　　4. 9001~12000 元　　　5. 12000 元以上

b　您是否享有相应的生育医疗报销待遇：

　　1. 有　　　　　2. 没有

c　没享有生育医疗报销待遇的原因：

　　1. 不符合计生政策　　2. 单位自行报销　　　3. 正在办理之中

　　4. 其他(请说明)

d　您的生育医疗费用的报销方式是：

　　1. 实报实销　　　　　2. 定额报销　　　　　3. 按比例报销

　　4. 其他(请说明)

e　您的生育医疗费用的支付方式是：

　　1. 自己先垫付　　　　2. 医院与社保部门直接结算

　　3. 单位预支　　　　　4. 其他(请说明)

f　您个人自负的费用有多少？

　　1. 0 元　　　　　　　2. 1~2000 元　　　　　3. 2001~4000 元

　　4. 4001~6000 元　　　5. 6000 元以上

D5a　您最近一次孕育是否享有产前检查优待？

b 您享有产前检查优待的方式是【可多选】：	
1. 社保定额报销	2. 社保按比例报销
3. 计生部门的优待	4. 享受单位医疗补贴
5. 社区提供优惠检查	6. 享受生殖抚助优惠
7. 医疗机构部分项目优惠	8. 其他(请说明)_____.

0. 享有 ➡

1. 没有　➡️

> c 没享有的原因【可多选】：
> 1. 不符合计生政策　　　2. 不知道这项政策
> 3. 自费到上级医院检查　4. 程序太烦琐
> 5. 优待费用少，没必要　6. 其他(请说明)_____.

2. 不清楚

D7　请您回忆一下，您最小的孩子 0~3 岁阶段在下列项目上的养育费用为多少：

项目	无	1000 元以下	1001~2000 元	2001~3000 元	3001~4000 元	4000 元以上	记不清
a 奶粉等营养品	0	1	2	3	4	5	9
b 玩具衣物	0	1	2	3	4	5	9
c 保姆开支	0	1	2	3	4	5	9
d 早教智力开发	0	1	2	3	4	5	9
e 托幼开支	0	1	2	3	4	5	9
f 医疗开支	0	1	2	3	4	5	9

D8　您养育孩子费用来源是【可多选】
　　1. 夫妻工资　　　　　2. 生育津贴　　　　　3. 婆家资助
　　4. 娘家资助　　　　　5. 借款　　　　　　　6. 其他(请说明)

D9a　您最小的孩子出生之后是否购买新生儿医保：
　　1. 是

2. 否　➡️

> b 不购买的原因【可多选】：
> 1. 不知道此政策　　2. 没有在意，疏忽了　　3. 不划算
> 4. 当地没开通　　　5. 其他(请说明)_____.

D10　您最后一个孩子在 3 岁以前主要由谁照顾?
　　1. 本人　　　　　　2. 配偶　　　　　　3. 本人父母
　　4. 配偶父母　　　　5. 其他亲戚　　　　6. 保姆/家政工
　　7. 托儿所/幼儿园　8. 其他(请注明)_____

D11　孩子出生后至上幼儿园前，您认为应该主要由谁来照顾孩子更有利于孩子的成长：

　　1. 母亲　　　　　　　2. 父亲　　　　　　　3. 父母/公婆

　　4. 保姆/家政工　　　5. 专业的早教中心　　6. 其他(请注明)

D12　您最小的孩子上幼儿园后，下列事项主要由谁来负责：

项目	父母/公婆	保姆	机构	自己	丈夫
a 上学接送	1	2	3	4	5
b 素质开发	1	2	3	4	5
c 生活照料	1	2	3	4	5
d 功课辅导	1	2	3	4	5

五、态度和观念

E1　您认为生育孩子对女性的职业发展是否会产生不利的影响?

　　1. 会　　　　　　　　2. 不会　　　　　　　3. 不好说

E2　您认为"全面两孩政策"的出台，对女性会产生哪些影响?

　　1. 赋予了女性更大的生育选择权利

　　2. 进一步加剧工作与家庭的矛盾冲突

　　3. 可能加剧女性就业的难度

　　4. 其他(请说明)＿＿＿＿＿＿

E3　如果政策允许，您想生几个小孩:

　　1. 0个　　　2. 1个　　　3. 2个　　　4. 3个　　　5. 4个及以上

E4　您是否符合"全面两孩政策"的要求:

　　1. 是　　　　　　0. 否【请跳答 E6】:

E5a　近 5 年内，您是否已经/计划生育第二个孩子?

　　　　　　　　　b 再生育孩子的原因【可多选】:

　　　　　　　　　1. 希望儿女双全　　　2. 一个孩子太孤单，给孩子留个伴

　1. 是 ➡　　　　3. 给家庭增添快乐　　4. 大孩已独立，再生一个给自己作伴

　　　　　　　　　5. 满足长辈的期望　　6. 以后老了多个孩子照顾

　　　　　　　　　7. 其他(请说明)＿＿＿＿＿＿.

c 不生育第二个孩子的原因【可多选】:

1. 身体条件不允许　　　　　2. 养育孩子的成本太高

3. 自己时间和精力不够　　　4. 担心影响职业发展

5. 没人帮忙照看孩子　　　　6. 家庭经济状况不允许

7. 孩子将来入园和入学难　　8. 害怕怀孕生产的痛苦

9. 其他(请说明)_____.

2. 否 →

3. 还没有确定好

E6　您认为,在"全面两孩政策"下,一个家庭是否生育二孩,需要考虑哪些因素?【可多选】:

1. 家庭的经济状况　　　　　2. 母亲的精力和时间情况

3. 父亲的精力和时间情况　　4. 孩子今后入园和升学的便利性

5. 婴幼儿用品的质量　　　　6. 生活地区的环境状况

7. 孩子看病就医的便利程度　8. 祖辈的态度

9. 是否有人帮助照料孩子　　10. 其他(请说明)_____

六、政策期待

F1　您所在单位为您缴纳了以下哪些社会保险项目【可多选】:

1. 养老保险　　　　　2. 医疗保险　　　　　3. 工伤保险

4. 生育保险　　　　　5. 失业保险　　　　　6. 住房公积金

7. 不清楚

F2　您所在单位为本单位职工缴纳生育保险的总体情况是:

项目	所有人都缴纳	部分人缴纳	都没有缴纳	不清楚
a 女性职工	1	2	3	4
b 男性职工	1	2	3	4

F3a　您对当前的生育医疗政策是否满意?

1. 满意

b 不满意的原因【可多选】：

1. 报销标准不透明　　　2. 计生医疗费用得不到合理报销

2. 不满意 ——▶　3. 报销程序复杂　　　4. 结算方式落后

5. 报销标准不高　　　6. 单位医疗福利排斥生育医疗

7. 单位医疗福利排斥计生医疗 8. 其他原因（请说明）_____.

F4　您对当前的产前检查优待政策是否满意？

1. 满意

b 不满意的原因【可多选】：

1. 宣传不足　　　　2. 优待政策不透明

2. 不满意 ——▶　3. 程序僵化复杂　　4. 优待水平低

5. 与计生政策捆绑　6. 单位医疗福利排斥产检门诊

7. 不能异地/跨医院享有 8. 其他原因（请说明）_____.

F5a　您对当前的生育津贴政策满意吗？

1. 满意

b 不满意的原因【可多选】：

1. 津贴标准不高　　　2. 获取程序复杂

2. 不满意 ——▶　3. 带薪假期太短　　4. 缺乏男性陪护津贴

5. 其他（请说明）_____.

F6　就生育及其配套政策而言，您期待政府在哪些方面给予政策支持？【可多选】

1. 夫妻育儿假　　　2. 建立育儿津贴制度　　3. 学前义务教育

4. 校园延托中心　　5. 错时上学、上班制　　6. 提供校园营养餐

7. 弹性退休制　　　8. 其他（请说明）_____

F7　就生育支持措施而言，您期待单位在哪些方面给予政策支持？【可多选】

1. 灵活弹性的上班时间　　　2. 建立母婴室

3. 降低入职、晋级的年龄要求　4. 关注女职工职业发展

5. 改革坐班制，创建网络办公平台 6. 其他（请说明）_____

F8　就生育支持措施而言，您期待社区给予哪些支持【可多选】

1. 社区托幼中心　　　2. 社区图书馆　　　3. 社区健康食堂

4. 儿童兴趣中心　　　　5. 提供家庭教育指导　　　6. 婴幼早教服务

7. 其他(请说明)＿＿＿＿＿＿

F9 就生育支持措施而言，您希望您的家庭在哪些方面给予支持【可多选】

1. 丈夫主动地承担家务　　　2. 丈夫多陪伴和照顾孩子

3. 丈夫支持妻子事业发展　　4. 家人摒弃"重男轻女"的思想

5. 长辈帮忙照顾家庭　　　　6. 其他(请说明)＿＿＿＿＿＿.

我们的调查结束了，非常感谢您的合作！